如果終極目標是財務自由,

王者 著

如一開始
學投資賺錢!!

思維×實戰方法

Content

第 1 章
為什麼
我們從小
就該懂理財？

第2章

一般人窮的
不是錢包，
而是思維

Content

第 **3** 章

其實，
有錢人跟你想得
不一樣

Ⓢ 我也想要超能力　56

Ⓢ 越有錢的人越省，說出來肯定讓你吃驚　58

Ⓢ 國中是我創業的起點──合作社跑腿賺錢　60

Ⓢ 非常期待園遊會，畢竟那可是實戰學經營　63

Ⓢ 「連睡覺也在賺錢」是學習投資的重要目標　65

Ⓢ 你會選擇先賺錢？還是先做自己喜歡的事？　67

王者媽媽的獨門理財教養術

陪著孩子增長見聞、討論世界大小事　70

4

第 4 章

難道
學生錢少
就不可以理財？

Content

第 7 章

投資還是投機？

第 **8** 章
不可不知的觀念：
資產配置

第**9**章

錢非常重要，
但絕對
不是最重要的

對數字敏感：從童年開始！

　　前一陣子，正在家中吃晚餐，電視機突然閃出一個鏡頭，西螺埔心大街 60 年前的竹編工藝已經完全消失，看到這一幕，我注視著銀幕好久，也想起童年往事。

　　就像孔子說的「吾少也賤」，我出生在西螺農村的鄉下，西螺有濁水溪，種在濁水溪的西瓜又香又甜，那個時候，鎮上掀起編竹簍的工藝，也成了我們讀小學賺外快的來源。讀小學的時候，我的身軀嬌小，蹲在地上，一個晚上可以編出 300 個裝西瓜的蓋子，如果不做蓋子，編織裝西瓜的籃子，一個晚上可以做 30 個。那個時候，編織一個籃子 1.7 元，一個蓋子 1 毛錢，我一個晚上很努力做竹蓋子，可以賺 30 元；做籃子，可以賺 50 元，在那個時代，這是很好的收入。

　　我的童年時代，從竹編賺外快開始，然後，在每一季稻作收成，我去撿拾遺漏的稻穗，或是收成後的地瓜、

花生，可以曬滿整個曬穀場。有了賺外快的能力，我開始集郵，我把多出來的零錢拿去買郵票，我集滿 12 生肖郵票，還有兒時最流行的在郵票本上放郵票，猜誰最接近郵票面額？通常我都成了大贏家。

在沒有什麼休閒娛樂的農村社會，還有一種生意可以做，我拿著零用錢去鎮上批發「黑墨客」，我記得是 160 支籤，批發 9 元，如果 160 支籤都被抽空，你的 9 元成本，可以變成 16 元，這是我印象最深的童年批發生意。

我在童年歲月，經歷了很多有趣的事，例如，我從牽一頭牛到野吃草，到最後，一次可以牽 8 頭牛；小時候看隔壁鄰居養蠶，我跟他要了幾隻蠶來養，沒幾年，我搖身變成村子裏的養蠶大戶，村子裏的桑葉全被我摘光了。

王者出版新書，教年輕人如何跨進投資理財的領域，請我作序，我立刻想到很多童年往事。我對數字一向敏感，很多人都問我，你在電視上說出來的數字是怎麼背出來的？其實我對數字有過目不忘的本事，數字每天用，經常用，隨時會在你心中，就像學習投資理財，我

童年生長在農村社會，大小事，一切自理，你就會在野地中練就野地求生的本能。

　　現在的父母通常對兒女太好，你們幫他們承擔一切，也讓新一代對金錢的慾望減弱，對「如何把錢變大」的投資事務，也變得遲鈍。王者現身說法教導年輕一代投資理財觀，我也來談談我的童年往事，對數字敏感，從童年時代開始。

財信傳媒集團董事長　謝金河

一本適合年輕朋友的
投資理財書

　　認識王者，是在他父親的王一明先生的播音室裡，原來上王先生的節目是他的推薦，記得那時他還是高中生。

　　日前得知道他出書了，希望我寫篇推薦序，坦白說我是有點猶豫的，但是我想起了巴菲特的經歷。

　　巴菲特 11 歲開始買第一張股票，他的父親是美國國會議員也是一家證券行的老闆，加上巴菲特是出生在美國經濟大蕭條的年代，他對理財有非常強烈的學習和慾望，也大約是小學開始做起了他賣可樂和口香糖的生意。

　　巴菲特約在大三時看了葛拉漢所寫的（Benjamin Graham, Jason Zweig）《智慧型股票投資人》（The

Intelligent Investor: The Definitive Book on Value Investing The Definitive Book on Value Investing）這本書，讓他千里迢迢到了紐約哥倫比亞大學上葛拉漢的課，畢業後想要留下來免費為老師工作被拒絕了。

巴菲特回到父親的證券行在那 2、3 年，他不停地和老師聯繫，寄給老師有關於他的分析報告，終於如願以償得到了老師紐約的投資公司工作。我覺得巴菲特在老師身邊的那兩三年，彷彿葛拉漢 3、40 年的功力都被巴菲特學到了。

我常開玩笑地說，巴菲特從研究所畢業大約 26 歲，卻幾乎是一位已擁有投資界 40 年以上功力的人（11 歲開始投資，加上葛拉漢的 30 年功力），因此巴菲特 26 歲創立投資管理合夥事業，其實跟一般 26 歲年輕人不可同日而語。

我常用巴菲特的故事勉勵許多大學剛畢業，又嚮往資金管理這個行業的年輕人。

簡單的說，年輕是最好犯錯學習的時候，這時候不宜好為人師，這是我猶豫寫推薦序的原因，但是繼而一想，王者應該看過我的幾本書，讀後他都覺得沒有一本

是寫給初學理財的人，雖然我有一點懷疑，因為我的
《華爾街操盤手給年輕人 15 堂理財課》，就是非常淺
顯的故事表達，但靜下心來一想，這何嘗不也是有我一
些主觀的片面猜想。我也不能代表所有初學的理財閱讀
者，有年輕的讀者如果認為沒有完整的表達他們閱讀後
的疑惑之處，或興起彼可取而代之的豪情壯志，也是值
得樂見和鼓勵的事。

作者雖然還沒有足夠的時間出示他理財的績效，但是
一位用功的讀者，所作的各種閱讀後的整理札記，也必
有其心得和觀察之處，他的盲點突破，或者覺得重要的
表達之處，何嘗不是一個可以給理財初學者作為參考的
捷徑之道。何況，兩碗拉麵的錢買他數十個晚上的不眠
不休和整理的精華重點，若任何一個對你適用的理財觀
念，都可能是開啟你致富的大門。

暢銷財經作家　闕又上

投資理財越早開始，
越能提早享受財務自由！

　　很多人對我會有一個疑問？那就是：「一個 18 歲的孩子，不去認真讀書、讀大學，跑來寫書幹嘛？」其實，我可以理解成年人們的語重心長。

　　但是，如果我們仔細想一想，讀大學的目的是什麼？是學習自己喜歡的學科？為了未來的工作？……身為一個高中生，我詢問了許多同學，最後都得到一個答案：「在未來找一份好工作。」說得實際一點，就是賺錢。

　　所以，我總是想著，如果當學生的最終目標是賺錢，那麼為什麼不一開始就學習如何理財？而且，就我觀察，一般高中生對於理財的知識嚴重匱乏，通常不太了解理財的重要性。

　　怎麼會有想寫這本書的念頭呢？要來分享一個小故事！

　　在距離學測大約半年的時候，有一次跟我媽聊到：為什麼市面上的理財書都那麼難懂，基本上沒幾本適合高中生、理財初學者閱讀的。於是，我媽跑去書局問店員有沒有簡單一點的理財書，卻只找到一些簡單到只適合給小小朋友讀的繪本。

　　就這樣，我們意外發現了這個社會上有一個必須補足的缺口。也許是隨口說說，也許是認真的，我媽丟下了一句：「既然市場上沒有，不然你來寫一本啊！」結果此時的我，居然還真的努力讓這一切成真，某種程度上也算是誤打誤撞吧！

　　至於我的初衷呢？其實很簡單，就只是很單純地希望可以為台灣學生族、社會新鮮人的理財盡一份心力，僅此而已。

　　希望閱讀本書的朋友們，都可以向財務自由的目標勇敢邁出第一步，並且讓自己的人生更加輕鬆且幸福！

少年王者的理財術，
易懂易學易上手

第 1 章

為什麼
我們從小
就該懂理財？

世界上最會賺錢的猶太人，是如何教小孩的？

「起床了哦！」媽媽一如往常地叫醒當時只有 5 歲的我。起床後，我跟所有小朋友一樣乖乖地刷牙、洗臉、吃早餐。只要我起床，家裡的電視畫面就會從氣象預報切換成卡通頻道。早餐配卡通，一個歡樂的早上就這麼過去了。

但就在我享受早晨的同時，地球的另一端卻有一群人不這麼做，他們認為理財教育應該要從小落實，而他們就是世界上最會賺錢的民族——猶太人。

你可能會想說，才 5 歲而已，怎麼會需要學習理財這麼艱澀難懂的東西。但是，理財是一輩子的事，現在不開始，更待何時？

如果從小就把正確的理財觀念深深植入孩子的腦中，家長們應該也不必太擔心孩子們的未來了。

猶太人的致富聖經《塔木德》中，隨處可見他

們對理財教育的重視，而猶太人正是抱持著這樣的信念，所以他們在吃早餐的時候，話題往往不是今天哪個藝人又劈腿、哪裡又發生連環車禍，而是用很日常的方式聊聊昨天的股市發生什麼事、油價怎麼漲了又跌、跌了又漲等等。

把錢存在銀行最安全？

在投資意識相對不足的東方裡，我們從小就被教導要好好讀書、好好工作才可以養活自己，並且擁有美好的未來，但事實真的是如此嗎？

在這個低利率[1]的時代裡，把錢存在銀行似乎不再是一個聰明的選擇。你想過嗎？放在銀行的錢還要經歷每年平均 1.2% 的通貨膨脹，說白一點，把錢存在銀行裡，錢不但不會變多；實際上，貨幣價值還會以每年 1.2% 的速度縮水。

簡單來說，如果我們的資產沒有辦法以每年 1.2%

以上的報酬成長，我們的購買力將會不斷下降。

可惜的是，每到了過年時節，許多家長都會幫小孩「保管」紅包，有些家長真的會幫小孩存起來，等到小孩長大後再還給他們，但更多家長的作法是把紅包錢拿去繳學費，或是繳帳單等等。

很幸運的是，我的家長不是屬於後者，他們從來不會從我的紅包「抽成」。

到了小學二年級，我的父母帶著搞不清楚狀況的我到銀行開了戶頭。在我的印象中，我父母總是幫我以「定存」的方式理財。

然而，小時候的我總是很好奇，為什麼我存了好幾萬元，銀行卻總是只吐給我幾十塊而已。講難聽一點，收到那有跟沒有一樣的利息，我根本沒感覺。

但因為我的父母本身也不懂投資，所以一直等到我國三的時候才開了證券戶（可以買賣股票的戶頭），也是在那時，我的資產才進入了該進入

的地方。

為什麼不該替孩子「保管」紅包錢？

在過了農曆新年後，小孩子通常會收到一些紅包，而大人們往往會想說：「這些錢其實就是我包紅包給其他孩子換來的。說穿了，孩子拿到的錢就是我的錢，憑什麼我不能拿回來？」有這樣的想法其實很正常。

但是，為什麼我認為不應該把孩子們的紅包錢拿去繳學費呢？

我就開門見山的說了，因為我認為讓孩子管理自己的紅包錢，就是最好的理財教育；當然，我指的不是讓孩子肆意亂花那一筆天上掉下來的錢財，而是將錢交給孩子，同時藉著這個機會培養理財觀念。

讓世界上的天才替我們工作

我們不夠聰明,這句話並不是要否定你或是打擊你的信心。我想表達的是:「人外有人,天外有天。」從小我就知道,班上總是會出現那種怎麼考都考不贏的學霸,也不乏會出現不怎麼讀書成績卻超級好的天才,也許你身邊就有這種人。

不管讀了台大還是什麼名校,世界上一定可以找到更聰明的人,但如果認為考不上好大學就賺不贏人家,那可就大錯特錯了。

仔細思考一下,我們身邊的這些天才最後會走向何方?如果依照極高的能力走下去,應該許多人都會前往世界一流的公司吧!

既然世界上最棒的公司裡,充滿著來自世界各地的一流人才,為何不直接投資最頂級、最有未來的公司?讓那些天才為我們工作,並且讓自己的資產參與這個世界的未來發展,成為不再因為自己不夠聰明而賺不到錢的人。

1 利率：借款人借款所需要付出的代價，也就是債主
 獲得的報酬。例如：王者向銀行借了 100 萬，年利
 率為 12%，則王者在一年後需要歸還 112 萬給銀行

王者媽媽的獨門理財教養術

教孩子理財，永遠不嫌早！

為什麼我要從小灌輸王者理財的觀念？因為我覺得人的一生都跟金錢離不開關係，就算你離群索居，最基本吃的、用的，總還是需要吧！

所以我對兒子的教育方式比較特別，在某種程度上，是背離很多家長的中心思想，每次和朋友談起，他們都是覺得太離譜、不太認同，或是覺得不可思議，容後再敘。

記得王者讀幼稚園的年紀，我常常拿一台計算機給他，讓他熟悉操作，方便寫數學作業；我同事還說，這是誰教的，孩子這麼小，怎麼需要用到計算機？

我說當然是我，年代不同了，很多事就交給電腦運作就可以了，不需要花太多腦筋，人生只要抓住大方向就可以了，不用太計較支微末

節。

　我教育孩子的大方向，就是讓他擁有基本的理財觀念，因為我看過太多的親朋好友。有的人擁有專業的職能和學識，很認真辛苦地工作、薪水很高，卻是月光族。

　有些人是沈迷在名車、名牌包包、知名化妝品、漂亮的衣服或者是收藏藝術品，甚至生養孩子眾多，人各所好，這些無可厚非，但卻不知考量自己的收入能力，甚至過著揹負卡債和銀行借貸的生活，過著沒有明天的日子，深陷金錢漩渦，毫不自知。

　有些人是投資失利、創業失敗、被倒會、買保單繳不起，或者當保人，或是借錢給親友週轉一去不回，在人生剛起步時，就要債台高築。

　有人則是一生吸毒、賭博、酗酒、失業、自我放棄，或是惡習不改，甚至是子承父債，不懂拋棄繼承，保護自己，於是造成妻離子散，甚至是家破人亡的故事，真是屢見不鮮。

這些血淋淋的故事，我相信在你的周遭一定也少不了吧！

而這些課程可是在學校教材裡所沒有的喔，當然要趁著孩子年紀小，還願意聽你說話時，趕快說給他聽，最起碼要教他保護自己，不然以後長大就來不及了……，這些可是我家特製的童話故事書，好看的不得了。

更有高齡者，年輕時沒做好退休規劃，臨老貧病纏身，讓社會福利單位長期資助，或是淪為街友。還有許多台灣人的想法是養兒防老，到後來卻是養老防兒，這樣的新聞屢見不鮮，實在是令人感嘆。

第 **2** 章

一般人窮的
不是錢包，
而是思維

那些你看不見的稅

凱達格蘭大道又在抗議？不知道這次又發生什麼事了？仔細看了一下電視才發現，原來是每隔幾年就會出現的「加稅」問題。

人們往往會為了政府加稅而感到不公平，當然這大家都可以理解，因為如果是我被加收稅金的話，大概也會覺得很無奈吧。

但是，其實有這麼一種稅每年都在加收，卻很少有人會注意到它的存在，那就是——通貨膨脹。

沒有錯，「又是」通貨膨脹，我知道這個名詞已經在前面出現過了，但不斷提起它的原因是希望跟大家討論：「不投資，就等著資產縮水。」這件事。

在別人恐懼時，我們要懂得貪婪

COVID-19 又稱新冠肺炎，它的出現無疑會在

近代史留下非常「輝煌」的一頁。

隨著新冠肺炎的擴散，全球許多經濟非常發達的國家相繼陷入了經濟停擺的慘況，不但醫療癱瘓、資源不足，連許多重要的城市也都相繼進入封城狀態。

因此，地球上的每一個角落都受到非常大的影響，隨著全球經濟增長而越漲越高的各國股價，也在 2020 年徹徹底底的崩盤……。

美股更是在 10 天內觸發了 4 次熔斷機制[1]，就連股神巴菲特（Warren Edward Buffett）都說：「活了 89 年第一次遇到。」

這次的股災毫無懸念的重挫了許多投資人，但在散戶紛紛離開股市的時候，有些人卻在這個崩壞的世界中看到了希望，進而把危機化作為轉機。

而我也趁著當時的大亂不斷地逢低加碼，買了各種非常優質的股票跟 ETF（參見第 6 章），畢竟這可是百年一見的好機會。其中，我投資成績

最耀眼的 UA（Under Armour）到我脫手的時候，投資報酬率高達了 61.42%。

我想巴菲特的名言：「別人貪婪，我恐懼；別人恐懼，我貪婪。」（When others fear I greed, the greedy when I fear.）就是要應用在這個時候吧！

你也想辦信用卡嗎？小心成了錢奴！

身上懶得帶現金、總是很喜歡刷信用卡所帶來的額外福利跟點數，我相信這是大家的共同特質。

雖然我也很嚮往擁有信用卡的生活，但是我目前完全沒有想要申辦信用卡的慾望，你想知道為什麼嗎？就讓我來告訴你吧！

在《金錢心理學》這本書中有提到：塑膠貨幣

這種東西會讓人們對「消費」這種行為降低許多警戒心。說白一點，信用卡這種東西會讓人們在無意中花更多的錢。

其實，原理很好理解，我舉個例子給各位看：

有一天小明去看了某位大師的畫展，起初小明非常享受藝術的魅力，但就在小明正在欣賞這位大師的最新創作「小雞吃米圖」時，無意間聽到旁邊一同欣賞畫作的同伴說：「如果能在家裡掛一幅這位大師的圖該有多好！」

這時候，小明看到旁邊的價格標籤，標籤上很清楚寫著要價「30 萬元」幾個大字，也許是被美術館的氣氛所感染，小明決定拿出信用卡把這幅「小雞吃米圖」拿下。

不過說也奇怪，就在這天，美術館拿來刷信用卡的機器居然當機了，見到機器遲遲未修好，美術館的主管向小明提出了用現金付款的建議，而無可奈何的小明因為不希望畫被其他買家搶走，

只好答應了這項提議。

照著約定，小明立刻動身前往距離當地最近的 ATM，準備提領 30 萬元的鉅額。就在領完錢的當下，小明看著自己手中大疊的現金，腦袋似乎在那一瞬間清醒了過來，想著：「我怎麼會在家裡經濟不寬裕的情況下，花下這麼一大筆的金額去滿足自己的慾望呢？我不買了！」

當初小明只是衝著這位大師的名氣來參觀展覽，說實話對這位大師並沒有足夠的了解，平常也沒有在蒐集畫作。況而，小明既不是特別富有的人，也不是藝術品收藏家。

就這幾點來說，小明購買畫作的行為的確很奇怪，要不是當天刷信用卡的機器壞掉，這 30 萬大概就這樣花出去了吧。

那麼，究竟是什麼原因讓小明在最後一刻反悔了呢？答案就是「花錢的感覺」。

想一想，一個是拿一張塑膠卡片刷一下，另一

個是捧著白花花的鈔票,哪一項讓你更有「花掉30 萬」的感覺呢?

相信只要是一般人,都會毫不猶豫選擇後者,或許有人會說他在刷卡的當下很清楚他即將要花多少錢,但如果把手上的塑膠卡片換成大量的現金,在購買不必要物品的情況下,一定會有許多人選擇放棄購買。

根據上文所闡述的效果,我把它靈活地應用在生活中,像是儲值悠遊卡,我總是加值 100 元,有時候最多加到 200 元。原因是我知道自己在超商有時候會懶得拿錢來付款,而使用悠遊卡來解決,進而多買了許多東西,導致我常常多了許多不必要的開銷。

因此,我盡量讓悠遊卡只有搭公車、捷運的功用,不讓它太方便。雖然這個舉動能讓我省下多少錢並不能量化計算,但我想這筆數目肯定不小。

再說,如果將談論對象移回信用卡的身上,問

題可就不只多花多少錢那麼單純而已，因為信用
卡其實是先跟銀行借錢來買東西，所以在購物的
當下並不是真的花自己的錢，但也因為這個理由，
所以產生了另外一個問題——利息。

如果借錢不用給利息，那世界上大概沒有銀行
會笨到真的隨便借錢給別人（除非政府要刺激經
濟循環）。

要是每個月都有能力繳清帳單的話，那還沒什
麼問題，但偏偏就是會有人在沒有足夠經濟能力
的情況下亂刷信用卡，導致出現帳單送到家門口
卻沒有任何錢可以償還的尷尬窘境。要是過了繳
款期限還沒籌出錢來還的話，那問題可就大了。

塑膠貨幣當道，如何搶救自己的荷包？

銀行是天生就要賺錢的機構，絕對不會讓那些

不守信用的人太好過。要是銀行追不到原本的那筆錢，銀行可不會讓那筆錢閒著。相反的，銀行會讓那筆錢繼續為他們賺錢（不斷提高利息，使人們如果越晚還錢，就要還更多錢），並且帶來可觀的收入。

從信用卡就可以見識到循環利息（債務複利）的威力，而且這力量絕對比我們想像中的還要大很多，要是錢一直欠著不還，這筆金額將會越滾越大；而這力量絕對不比投資股票賠錢還小，最後債務人將會欠下一屁股債，如果沒處理好，最後還有可能被法院扣押名下的財產。

不管從哪個角度想，信用卡對我們來說都沒有好處。但它似乎已經在我們生活中成為不可或缺的一部分了，在沒辦法避免使用信用卡的情況下，只剩一招可以稍微拯救我們的荷包：那就是將每個月的支出做好規劃，並且算清楚自己到底可以承受多少額度的負擔。

如果不清楚自己的財務狀況，就很有可能發生上述的情況，並且陷入一直刷卡、一直還錢，成為月光族，最後困在這恐怖的惡性循環中永遠出不來。

 萬中選一的那些中樂透的 千萬富翁們

曾幾何時，我們都夢想著自己有一天可以中樂透，期待著在什麼都不用做的情況下，就獨得好幾億。然而，那些上天的寵兒從來就不是我們，不然的話，你現在也不會在看這本書。

不過，那些中樂透的人真的會像童話故事書中的主角一樣，從此過著幸福快樂的生活嗎？其實不然，根據網路報導，有許多中獎人的下場很淒慘。

因為中獎後，就直接達到了財務自由的境界，許多人會選擇辭職，其實這都是人之常情，除非

一開始就不是為了錢而工作，不然誰中了樂透還想繼續過著辛苦的日子？

這時問題來了，如果平常沒有投資、創造被動收入的習慣，那他們唯一的收入就會因此停止，而且在獲得大筆獎金後，生活中的各種支出一定會越來越高，中獎前不買的跑車、鑽石等奢侈品，這時都將成為日常。

也許當初得到的好幾億，乍看之下，可以應付一輩子的開銷，甚至還可以過得奢侈一點，但是這些人通常對獎金這種天文數字沒有概念，只會單純地認為：「錢那麼多，怎麼可能花得完。」於是生活中的開銷越來越大，一直到存款越來越少時，才會發現原來要把錢全部花完只要短短幾年。

當中獎人沒有控管好財務狀況，只要過個幾年，很容易就把獎金全部花光光，並且宣告破產。

若是最後真的破產了，就只能乖乖回去上班，

但問題是：「離開職場那麼多年，專業還在嗎？公司還需要人嗎？」這都需要打上好幾個大大的問號，如果市場上早就淘汰了這種專業，那究竟該怎麼辦？若是沒有把高額支出的習慣改掉，又沒有被動收入，豈不是雪上加霜？

但也不是說不行買樂透，大家過年試試運氣也很好，像我就喜歡玩刮刮樂，如果有中就開心，沒中也無傷大雅。

最怕的是，有人整天想靠著賭博致富，像是我的阿公就是最好的範例。如果要用一個字取代他的一生，那絕對就是「賭」。

根據我爸口述，我阿公就是靠賭博把孩子們養大的，而且他「活到老，賭到老」的這種惡習並沒有因為任何人任何事而改掉，就連我出生後，甚至我長大後，都一直在賭。

重點是他玩的還不是一般的樂透，而是「六合彩」[2]。我一直在想，他若是拿這種堅持的精神去

鑽研其他知識，一定可以成為那方面的翹楚。

這個時代真的賺不了錢嗎？

在這個薪水只領 24K 的時代，年輕人不但要面對低薪的問題，還要身處物價飆漲的時代，不過我相信，只要付出大量的努力，一樣可以闖出屬於自己的一片天。

在過去，只要願意刻苦耐勞地努力工作，就有機會可以在社會上立足，但是在今天，剛出社會的年輕人連養活自己都有問題。

但是事實上，機會也跟著來了，隨著科技越來越進步，網路開啟了一扇全新的門，也因此創造了許多前所未有的工作機會，甚至興起了自媒體的風潮，許多素人靠著經營 Youtube 頻道，成功化身為具有影響力的公眾人物。同時，也讓自己賺到了不少收入。

就我的觀察來說，雖然這個大環境對年輕人越來越不友善，但上天卻多開了好幾扇窗給我們。

我想如果將時間點推到未來的好幾十年後，富豪榜上一定有許多現在還默默無聞的新面孔，到那時，一定有許多現在還沒創立的大公司，也一定會有很多很成功的人，而那些人正是我們這群年輕人成長歷練後的樣子。

 面對任何困境都不要輕言放棄

不管身處什麼時代，要成功都不會是一件簡單的事，而且從古至今，不管是多麼水深火熱的時代，都會有許多很厲害的成功人士。

我們不該抱怨大時代的不公平，而是正視這個年代的問題，以及我們所欠缺的能力。

或許，你和我要面對的困境真的是史上數一數二的，但那又如何？

不管怎麼樣，我都不想在數十年後，成為藉口一堆的失敗老人，也許我不會成功，但我絕對不允許自己在年輕氣盛的黃金年代輕言放棄，我渴望成為更好的人，也期望自己可以為這個世界貢獻點什麼。

　　也許本章讀起來會很像心靈雞湯，或是直銷影片什麼的，但我不在意，只要讀者能有這麼一絲絲的共鳴，或是燃起一點希望，不用太多人，只要能讓一位讀者有勇氣重新面對這個世界、重新拾起早已放下的夢想，我都覺得值得。

　　最後，願你我都能抱著熱情與勇氣面對這個大時代，加油！

厲害的人就是很厲害

　　洛克斐勒（John Davison Rockefeller）說過：「即使將我身無分文地丟進沙漠，只要一支駝隊

經過，我很快就能再次成為富翁。」（If some people throw me into the desert with nothing, and only need a camel team to use it, I will soon become a rich man again!）這句話真的超霸氣，但卻沒有人可以反駁他，畢竟他建立的石油帝國可是稱霸了全世界。

但是，有個人雖然不是洛克斐勒，但他卻活生生地為大家示範了創業成功絕非偶然，這個人叫做葛倫・斯登（Glenn Stearns），他是美國一間借貸公司的老闆，一位非常典型的白手起家的創業家，同時也是非常有錢的富豪。

就在幾年前，他參加了 Discovery 的實境秀《富豪谷底求翻身》，在這個節目中，他必須斷開所有的資源、隱藏自己的身分，並且要在 90 天內用 100 美元翻成 100 萬美元。

你沒看錯，他就是要在什麼都沒有的情況下，去證明這個時代也能賺錢。雖然節目中有一些橋

段不太合理，甚至可以說有「動手腳」，但是那份創業的實力跟執行能力絕對假不了。或許礙於時間限制，節目組必須暗中幫一點小忙，不過我們還是可以效仿他創業的過程。

在節目的一開始他跟一般人一樣，都是靠著體力賺錢，但是他在賺錢的同時，不斷地尋找機會，也執行著他的計畫。可惜的是，他最後失敗了，不過這裡的失敗不是指創業失敗，而是指把錢變成 100 萬美元的部分。

事實上，他在最後成立的燒烤店被估為 75 萬美元，雖然沒有達到目標，不過這已經是非常恐怖的成績了。

這部影片好看的地方，就在於看他如何解決創業路上的困難和處理各種意外的能力，也許我們可以從中學習到什麼，也許是經驗，也許是技巧。

這部實境秀想告訴我們的是，不論身處什麼時代、什麼地方，都一定找得到成功之道。也就是

說，只要我們願意去試著實踐夢想，沒有什麼是
不可能的！

 ## 錢很俗氣嗎？錯！
那是對待生活與夢想的表現

　　許多人覺得談論錢是一種很俗氣的事情，甚至
會覺得談錢會「銅臭味」太重。然而，大家的生
活卻又離不開錢，甚至可以說，很需要錢。

　　我們必須把錢很俗氣這種想法丟掉，才可以跟
錢培養好關係。

　　錢不是一張一張的鈔票，而是更多的選擇和更
好的生活，有了錢可以實現夢想，也可以幫助他
人，所以錢不但一點也不俗氣，而且還可以很高
尚。

　　畢竟，沒有人會說自己的夢想很俗氣，對吧？
所以我們不應該逃避關於錢的話題，像是身體出

了問題，我們會跟醫生討論；財務出了問題，也應該被重視。

如果怕收入太少，跟別人討論會丟臉，那就自己研究一下，仔細審視看看哪些不必要的花費可以省下來。

若是認為談錢像是個守財奴，而不認真對待的話，那也只是一味逃避，像個不願意面對事實的膽小鬼，而成為這樣的人，並不能解決任何問題，也不能改善你的生活。

我們必須知道，討論錢一點也不丟臉，也不可恥，因為那是我們認真對待生活與夢想的一種表現。

---

1 熔斷機制：當大盤股價巨幅下降時，股票會自動暫停交易的一種保護機制，目的在於給投資人有足夠的時間冷靜與思考，避免市場過於恐慌而越跌越低。自從 2010 年起，美股也開始啓動個股的熔斷機制。
2 六合彩：一種在香港合法，在台灣卻不合法的高賠率賭博彩券。類似台灣的大樂透、威力彩等等。

王者媽媽的獨門理財教養術

放手讓孩子做有興趣的事情

曾和一位大哥聊天（後來是上市公司老闆），他說你看有錢人致富的方式，大多離不開房地產、股票、創業。

對當時 20 多歲的我來說，賺大錢真的是世界上最遙遠的距離，當個上班族，頂多再兼一份差，這種方式，等於是用勞力、青春換取金錢，我心裡知道方向不對，但是以當時的自身知識、財力、能力等條件，要跨越此鴻溝，是何其困難的事。

在王者求學過程中，我常常跟他說，學校的書本可以不用花太多時間，功課中等即可，因為很多教材內容，出社會工作是用不到，不要浪費太多時間在這裡，花點時間做自己想做的事。

我們沒讓他上過課後輔導班和安親班，頂多補補英

文，也不會叫他一直補習，除非是他自己要求，有些補習費還讓他自己出資，因為他在股市有賺到錢了。

王者國小、國中的家長聯絡簿，我從來沒有好好看過，我跟孩子說媽媽實在搞不懂這些學校作業，實在是太難了，一切請自行負責。

所以，我給他一顆原子橡皮章，每日在家長簽名處蓋章即可，老師如果有交代特別事項，再來找我，這個行為很酷吧！

我是說到做到，我知道大部分的媽媽對孩子都很嚴謹，天天檢查作業是否有寫好，有的還要外加寫講義和測驗卷，當然都是望子成龍、望女成鳳。

然而，我真的覺得孩子讀一天書很辛苦了，不需要回家還要這麼累，回到家裡就好好放鬆吧！就好像我們大人，也不喜歡把工作帶回家一樣啊。

小二時他參加桌球校隊，每天不用參加早自習和升旗典禮，放學後在球隊繼續練球，除了鍛鍊體魄還可以學到運動員永不放棄的精神，身為父母，週六日常

帶他到處征戰。後來小四那年，他竟拿回一張「全國
桌球冠軍團體賽」獎狀，也真的嚇到我了。升大學的
暑假，除了寫書，更是立志要拿桌球教練的証照。而
在此時，小時候出名的桌球對手林昀儒，代表台灣出
戰東京奧運，成績斐然，感覺與有榮焉。

誘發孩子的自主學習精神

我們每日接送他上下學，深度陪伴下長大，最常帶
他到書局，去購買自己喜歡的書籍，我們夫妻讓他在
成長過程中，在腦袋裡裝一些有興趣或者喜愛的事
情，我覺得這樣子才能引發自主學習，尋找自己喜歡
做的事，從摸索中了解生命的方向，未來才可以享受
工作，樂在工作，我覺得這才是人生幸福之道。

我很單純的認為，孩子在成長階段，大腦的發育最
快，在這段時間，與其讓大腦裝一些不喜歡或者是用
不到的知識，倒不如放一些他特別喜愛的選項。

例如他曾經很喜歡積木、鋼彈、桌球、魔術、棒球、

羽毛球（有小球王之稱）和撲克牌，我們也是盡量滿
足他，因為我覺得這些都是正當的娛樂，就算他以後
長大要當魔術師，我也無所謂，他還曾經去養老院表
演魔術給阿公阿嬤看，很有架勢喔！真心覺得他喜歡
都好，畢竟行行出狀元。

一次臨櫃經驗，成了家中股票操盤手

王者愛上理財，這是我始料未及的事，但也超出了
我能教導他的能力範圍，除了從小帶他上書局購買課
外書籍與聽演講之外，他的投資知識累積，大多來自
於上網自主學習，真心感謝這些提供者，日夜澆灌我
的孩子。

我還記得在王者小六時（2015 年 1 月 13 日），我
到永豐銀行開戶，自己準備進行台股交易，想說要讓
孩子有銀行臨櫃的經驗，特地帶著他一起去。

當時理財專員教我使用手機下單時，我覺得操作方
式很複雜，記不起來，讓兒子一起聆聽，在我還沒搞

懂的時候，沒想到他一次就學會了。

小孩總是對科技產品很熟悉，記性又好，到後來故事的發展，就是我的股票，幾乎都是他在操盤。

小六就開始熟悉股市網路界面，慢慢的幫我操盤，很誇張吧！

主要是我覺得錢很少啦，就當做讓他經驗累積，與其讓孩子花錢儲值和花時間熬夜瘋迷電玩，倒不如轉移注意力，直接把他推下金融市場裡浮浮沈沈的，那可是刺激多了。

我都跟兒子說，都是一樣躺著滑手機，你接觸的可是真實的世界，不是虛擬的喔，還可以賺錢，超有感的。

走出學生舒服圈，真實感受世界脈動

王者常在網路上搜尋全球金融理財的相關影片（觀念、作法），追蹤理財高手的臉書官方帳號，等於跟著一群大人每日吸收新知並同步成長。他最喜歡闕又上老師，我也因著工作之便，邀請老師上電台通告接

受專訪，也牽起這美好的緣份。

　　他在國三時，就自己進入金融市場開始操盤，每晚在手機上操盤台股與美股；高二那年，他遇到美國 COVID-19 疫情爆發時，遭逢美股中斷交易 15 分鐘，也就是百年難得一見的美股熔斷機制啟動，在短短的 10 天內就發生了 4 次。

　　第 1 次發生時，當時王者剛好在看盤，他想說手機怎麼當機，莫名其妙壞掉了，後來才了解，因為股票市場大幅下修，所設立的停止交易時間。

　　天啊～連股神巴菲特則是活到 89 歲才遇到的事，這種親身經驗是用錢也買不到的，而 17 歲的王者置身其中，這是我很慶幸的事情。

　　到現在我還深深記得，孩子當晚第一次發現美股熔斷機制時，那種刺激、亢奮的表情，開心到睡不著。

　　隔天學校放學後，他跟我說，此時世界的經濟體發生劇變，為什麼他的同學卻還在學校無憂無慮的玩耍，根本不知道外界發生什麼事，他像是活在兩個世

界，落差太大無法理解。

　　我跟孩子說，這就是大人和學生不同的生活圈，是
你走出了學生的世界，才會有這股感受，千萬不要受
到同學的影響，我們繼續照著自己的生活模式，每晚
持續關心國際局勢的變化，這些都是你未來成長的養
分，是多麼得來不易。

　　當時美股都是晚上 10 點半才開盤，那段時間為了
陪伴兒子，相對地我也犧牲很多睡眠時間，與他一同
觀看美國股市、了解國際局勢的變化，感受這歷史的
一刻，那是屬於我們母子共同美好的回憶，至今仍津
津樂道。

少年王者的理財術，
易懂易學易上手

第 **3** 章

其實，
有錢人跟你想得
不一樣

我也想要超能力

當我在咖啡廳寫書寫到一半時，我點的小農經典拿鐵突然冒出陣陣白煙，沒想到，一位自稱「拿鐵精靈」的奇妙生物就這樣出現在我眼前。

他一手拿著拿鐵，一手拿著魔法棒對我說：「為了感謝你對拿鐵長久以來的支持，我決定要幫你實現一個願望！」

此時的我不但不驚訝，反而還有點小失落，畢竟從小看電影看到大，這種精靈通常都給人三個願望。不過，有總比沒有好。

於是我的小腦袋瓜就開始轉呀轉，努力想著要挑什麼超能力，畢竟念力、讀心術、瞬間移動和穿越時空每一個都好誘人。

結果在這個瞬間，天上突然轟隆隆地降下一道雷直接霹到了我身上，當下就比爾‧蓋茲附身到了我身上，而且他居然就這樣替我決定了超能力，最後他選擇了一個我想都沒想過的選項，那

就是——速讀的能力。

看完這個故事，相信大家都知道我是唬爛的，但其實比爾‧蓋茲想要速讀的能力卻是千真萬確的。

以前，有一位布拉斯加大學的學生在一個演講中問比爾‧蓋茲：「如果你可以選擇一項超能力，那你會選擇什麼？」結果比爾‧蓋茲回答：「速讀的能力。」我看完這個故事，才發現原來我跟有錢人有著完全不同的腦袋。

巴菲特曾經說過：「閱讀讓我致富。」由此可知，閱讀在致富的路上，扮演了不可或缺的重要角色。

研究顯示：「有錢人一週會花整整 5 個半小時在閱讀上，而一般的美國人只花 2 個小時。」

假如讀一本書要花 5 個小時，只要用最基本的數學算一下就可以得知，有錢人一年比一般人多讀了 33.6 本書，10 年下來就是 336 本。

就在人們工作或是打混摸魚的每一天，世界上

最頂尖的成功人士仍舊每天靠著書籍來增加自己的知識。

所以，我時常想著：「我既不是比爾・蓋茲，也不是巴菲特，怎麼可以比他們鬆懈呢？所以讀書吧！」

對我來說，世界上最可怕的不是有人比我努力、比我有天份，而是別人比我強大、比我有天份，而且還比我努力。

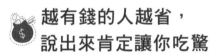

越有錢的人越省，說出來肯定讓你吃驚

說到「有錢人」這三個字，我相信大家腦袋裡出現的東西應該都是豪宅、跑車、名牌……等等，畢竟我們在電視裡看到有錢人的奢侈生活，都會出現這些價高物美的昂貴物品。

但是，在現實生活中，有錢人的生活其實跟你

想像的差很多！

IKEA 的 創 辦 人 英 格 瓦 · 坎 普 拉（Ingvar Kamprad，1926 年 3 月 30 日—2018 年 1 月 27 日）生前身價大約為 400 億美元，但是如此有錢的他卻開著一款 1993 年出產的 Volvo 240，而且他不但一開就是 20 餘年，重點是還開得很開心。

他的傳奇事蹟還不僅僅是關於車，英格瓦 · 坎普拉省錢省到可以用「摳門」來形容的事蹟根本數也數不清。

最經典的例子，莫過於有人看到他在當地的 IKEA 特價時，進去跟一般民眾搶便宜貨。另外，他更是只在傍晚才去菜市場，因為黃昏比較容易殺價。

這種事我本人也做過，還記得之前有一次為了吃得健康一點，我獨自一人在下午 1 點前往菜市場，結果你猜猜我花了多少錢買到 4 把菠菜？答案是 20 元！

你沒有看錯，我在 2021 年的台北市只花了 20 元就買到 4 把菠菜！於是，我帶著我的光榮戰績到處跟家人和朋友炫耀，畢竟這麼好康的事可不是每天都有！

國中是我創業的起點——合作社跑腿賺錢

跟大家的童年一樣，我的學校也有一間充滿美食和飲料的合作社，還記得那時候剛上國中，對於合作社這種東西真是百感交集。因為我就讀國小的合作社，在我讀二年級的時候，就因為賺不到錢而倒閉了。

因此，讀國中之後，我打算要好好「善用」一下學校的資源。當時我的教室在 5 樓，合作社在 B1，使得想要在下課 10 分鐘內搶到人氣商品「關東煮魚板」，變成非常困難的一件事，而且不只

搶魚板的難度很高，要從 5 樓下到 B1 本身也是非常累人的一件事。

於是，我想到一招——跑腿賺錢。

不過，幫同學跑腿沒什麼特別的，大家或多或少應該都有做過，但是到後來我居然真的把它打造成一個完整的商業體系。

最一開始，我把跑腿費設在 5 塊錢，也開始在班上宣傳我的「企業」，隨著時間流逝，我算是壟斷了班上的跑腿市場。

到後來我就開始思考，我該如何用更少的力賺更多的錢，於是我開始打算「雇用」同學來當我的企業夥伴。

在我稍微計算了一下過往的獲利跟營業狀況後，開出了一週 60 元的條件來尋找我的夥伴，而我只要負責統整每天的訂單，至於跑腿的部分就交給了我找的同學。

也就是說，到最後我只偶爾搞一些不定期的跑

腿費打折，以及買幾次跑腿就送幾次跑腿的促銷
活動，而關於那項最累人的「跑腿」工作，則完
完全全不關我的事了。

最重要的是，一週的營業額通常都會超過 120
元，換句話說，我賺的錢基本上會超過我的合作
夥伴。你可能會想問：「為什麼跑腿的同學不獨
立出來自己經營？」我想大概是因為班上習慣找
我跑腿，算是某一種品牌的價值展現吧！

不過隨著企業越搞越大，風聲也很快地傳入了
班導的耳朵裡，結果最後班導因為不希望同學們
在學校扯上金錢的關係，使用了公權力將我們「勒
令停業」。

雖然可以理解老師的想法與決定，但回想起來，
沒讓這「企業」繼續下去真的很可惜，不過這段
有趣的回憶將會一直留在我心中，並且繼續陪著
我長大。

非常期待園遊會，
畢竟那可是實戰學經營

在我的印象中，國小和國中時期總是非常期待
校慶的到來，而校慶的重頭戲往往是大隊接力或
是其他體育競賽的總決賽。但是，除了令人感到
熱血的比賽以外，還有每個班級都必須投入非常
多心力的項目——擺攤。

對我來說，擺攤真的占去我好大一部分的快樂
回憶。大概在國小三年級的時候，我迎來了這輩
子第一次的園遊會（我的國小每 5 年才辦 1 次園
遊會，所以一、二年級時沒有園遊會）。

一般來說，班級園遊會往往都是賣炒泡麵、乾
冰汽水等等好吃好喝的，但我們班很特別，我們
不賣食物，我們砸水球！

而我也包辦了很大一部分的工作量，除了在假
日要犧牲自己的休息時間去找當背景的木板外，
還在園遊會當天從頭顧攤位到尾。結果我自己從

頭到尾都沒有去逛園遊會，但是我一點也不後悔。

因為我非常享受賺錢的感覺，甚至上癮到不願意下班的地步。

也許有人會覺得我是被霸凌，才被分配了這麼多的工作，但事實上並不是因為被欺負，而是因為我覺得好玩，才自告奮勇去承擔如此大量的工作。

不過有趣的是，我除了得到快樂以外，也學到了很多成本計算、預算控制等等的概念。

一般的同學們平常沒什麼機會可以接觸到企業管理的概念，透過學校的園遊會倒是一個很好的機會去學習；況且，最後因為成果不好而虧錢也沒關係，就當作是一個有趣的回憶與經驗吧！

在未來創業的過程中，雖然不見得會像辦園遊會一樣那麼簡單，不過我相信那些經驗多多少少都可以幫助我打下一點基礎。

「連睡覺也在賺錢」 是學習投資的重要目標

在疫情肆虐全球的同時，大規模的失業潮與經濟崩跌也日日夜夜地折磨著人們，導致許多人因為疫情必須被迫放無薪假。也就是說，在存款不夠支撐生活的情況下，人們必須想辦法讓每一分錢都發揮最大的效益。

不過，有個議題值得大家思考，那就是存款多寡跟努力程度真的成正比嗎？很明顯，答案是否。

不知道大家在打工或工作有沒有遇過很無能的主管或老闆，明明就整天出一張嘴，卻賺著比我們多的錢。我想這就是學校最大的盲點，學校老師總是告訴大家：「要好好讀書，考上好大學，然後找一個好工作。」

不過，現實世界可不是這麼運作的，在辦公室加班加到半夜的那個人，往往都不是最有錢的那個人。

那麼，我們到底少了什麼，或著說，究竟要擁有什麼，才可以離財務自由越來越接近？答案就是「被動收入」。

如果說學習投資要有目標，那就是「連睡覺也在賺錢」，因為富人往往可以在理財方面取得成功，就是因為被動收入。

被動收入之所以重要，就是因為如果我們遇上沒有工作的狀況，還可以有收入進來。因此，我們都需要它。

被動收入還有一個優點，就是不需要花太多時間去關注。其中，投資股票、債券、收房租等等，都是被動收入的一種。

雖然一開始要懂得設定投資標的什麼的，不過他們並不會因為停止工作或失業就停止賺錢，不論這個世界上發生了什麼，這些資產都會持續性地為我們帶來收入。

換個更實際的情境，如果有一天我們都老了，

需要退休，也可以繼續依靠被動收入來賺錢，或是在被動收入是主動收入的兩倍或以上時，也可以直接離職、不再工作，因為這樣就已經達成財務自由的條件了，可以在很年輕就退休，直接去完成自己的夢想，這聽起來難道不吸引人嗎？

你會選擇先賺錢？還是先做自己喜歡的事？

在東方社會中，大家總是希望自己的小孩可以好好讀書，接著到一流的大學就讀，這無非就是希望小孩可以在未來進入好的公司工作，並取得一份看起來還算不錯的工作，然後拿到足夠的薪水養活自己。

但問題是，這樣真的對小孩最好嗎？之前我在一場演講中聽到一組有趣的研究，在研究中的大學追蹤了 1,500 位商學院的學生，並且給他們 2

個選項：

選項 1.「先賺錢，再做自己喜歡的事。」

選項 2.「只要做自己喜歡的事，賺錢不是難事。」

結果選了第 1 個選項的占了 83%，第二個則是 17%。

過了 20 年後，這些商學院的學生出現了 101 位富翁，不過狀況跟大家想的可能不太一樣，因為在這 101 位的學生當中，總共有 100 位在當年選了第 2 個選項，而選擇第 1 個選項的中學生當中，只有少少的一位成功成為了富翁。

就結果來說，成功變成有錢人的同學其實沒有把專注力放在「賺錢」身上，而是往自己有興趣，並且真正熱愛的長處去發展。

看看富比士上的世界級富豪就可以了解，他們從來不是為了賺錢而賺錢（巴菲特除外，因為他的興趣就是享受賺錢的過程），而是將自己的專長推到世界巔峰，至於賺錢呢，真的就只是隨之

而來而已。

　　其實，我一開始會研究投資也是覺得很有趣，因為這個世界上居然有不用工作就可以拿錢的好康。

　　在股海的舞台出道後，我真的很享受靠股票賺錢的快感，遇到虧錢時我也常常會思考到底哪裡出了問題，也因此我這一路上總是不斷地精進自己的知識與技術。

　　甚至，到了這一、兩年，我發現我已經有一定的知識量可以去跟別人分享股票的大小事，結果也喜歡上幫助別人的感覺。

　　畢竟這世界上有太多人因為金錢而受苦，所以我希望可以盡可能地跟身邊的人分享投資的美好。因此，寫這本書也是希望可以幫助到想投資卻不知道如何下手的人們！

王者媽媽的獨門理財教養術

陪著孩子增長見聞、
討論世界大小事

　　我深愛我的孩子，希望他在人生的路上，能夠擁有正確的金錢觀念，不要為金錢所苦，不求他大富大貴，只求他少走一些冤枉路，不要犯下父母或親友曾經發生的錯誤，不要受到旁人的拖累，好好活出自己的精采人生，進而幫助一些窮困的人。

　　我三不五時跟兒子說，一定要切記，老天爺給你這麼好的腦袋，有能力時要對國家社會有貢獻，幫助需要幫助的人。

　　話說自己，從小我有數學恐懼症，看到數字就害怕，年輕時曾經有機會到證券公司上班，也就因此婉拒。

　　而我在婚前的理財方式比較像男人，拚命賺錢，一天兼兩份工作，讓我可以在 18 歲買機車和電腦、

22 歲買保單、23 歲買房子和股票、24 歲買中古車，我很享受靠自己能力賺錢所帶來的成就感，那會讓我很快樂。

曾在婚前跟著同事買台股，但是當生命角色成為媽媽後，每天忙碌的生活，加上台北市購屋，壓力很大，造成現金不足，投資這件事早已遺忘。

我深知自己理財知識不足，便鼓勵孩子購買相關書籍和到處聽演講，不管多遠的地方，只要他喜歡，我都會陪他去，而且我會帶著他參加許多公司的股東會，和參觀世貿中心各式各樣的展場，增長見識，其中機器人展最令他念念不忘。

2020 年和 2021 年的台灣 COVID-19 疫情變化，讓人措手不及，大環境的影響造成百業蕭條，許多人因此陷入經濟困境，如果你平時就有做好理財規劃和資產配置，有家庭預備金就

可以不用坐困愁城了。

可見學會理財是多麼重要的事，趁著這波疫情事件，當然要和孩子聊聊他的看法了，也藉此機會討論各行各業的因應之道，如何在亂世中求生存。

少年王者的理財術，
易懂易學易上手

第 **4** 章

難道
學生錢少
就不可以理財？

　　我曾經問過一位非常要好的朋友：「你覺得想投資要有多少錢？」他給我的答案是：「存款至少萬起跳吧！」的確，如果要做到一定規模的投資，沒有一點點資金是不太可能的。

　　不過可以確定的是，如果沒有最基礎的理財知識，就想要學會如何投資，根本就是還不會走路就想跑步，所以就讓我們來看看全台灣最優秀的投資人之一──闕又上老師（被路透社稱為「擊敗華爾街的無名小子」）是如何建議年輕人的吧！

與闕又上老師的相識過程

　　在國中畢業後的那個暑假，我趁著沒什麼學業壓力的狀況下，讀了一些關於如何達到財務自由的書籍，但書中大多提到把每個月的一部分薪水放入股市，讓資產的雪球越滾越大顆。

　　其實，這一切再也正常不過，但我是學生誒！

我只能整天被關在學校讀那些我沒興趣又很無聊的科目。

說實話，我早就等不及去賺錢了，而且說真的，請問到底誰出社會後會講文言文？誰會在生活中使用排列組合？

學校的一切對我來說實在引不起我的興趣，每天只能靠跟朋友打打球、聊聊天來度日，更不用說在學校無法學習到如何達到財務自由。

所以我開始思考，究竟有什麼理財方式是適合一般學生的？於是我到闕又上老師的臉書專頁留言：「老師，我今年國中畢業，但是我也想學習理財，請問有什麼建議可以給我們學生？」

原本以為不會得到老師的回覆，畢竟老師每一則貼文下面都有成千上萬的留言，沒想到老師非但在留言海之中看到了我，還花了非常大的心力來回覆我。

對於一個國中剛畢業的孩子來說，可以得到華

爾街專業操盤手的答覆真的是一件非常令人興奮且感動的事！

當時，闕老師是這麼答覆的：

1. 先閱讀你有興趣的理財投資書籍，我的第三本書（給年輕人的 15 堂理財課），講了許多事，建議你可以優先閱讀。

2. 把你的零用金投入投資，不管是個股（個別公司的股票）還是 ETF（股票型指數基金，一種包含非常多股票的集合體，其交易方式跟股票相同，故可以達到買 ETF 分散風險的效果）。如果沒有零用錢先跟父母親借，等以後可以打工時再還，賠了，你要加倍用力的還；賺了，你可以輕鬆的還。目的讓你了解金錢的運作！

3. 盡早去打工，但不要忘了課業和娛樂，打工
   讓你了解如何控制金錢和均衡你的生活。
   祝你理財的學習，豐碩有收穫！

　　若在讀本書的你跟我一樣還是個學生，非常建
議你可以好好參考闕老師的建議。

　　依我個人的經驗，應該有許多人平常都要上課、
補習、讀書等等，畢竟我也是整天過著這種生不
如死的考生生活。所以，沒辦法打工沒關係，但
我建議如果真的有心要學習，最少、最少要趁著
每年的寒假跟暑假好好充實自己，能讀多少書就
讀多少書，畢竟對每個人來說，這個世界上最值
得投資的標的就是自己。

　　雖然一本書要價大約 300 元，但一本好書的確
有可能讓你在未來賺到幾百萬，甚至幾千萬。

學生很少買到
能為自己賺錢的「資產」

當我跟大人們聊到學生時代的故事時，幾乎沒有人的臉上不帶著笑容，有些人會分享自己高中時代的青春校園愛情故事，有些人則會回憶過往的瘋狂追星史。

不過，我在這些故事中找到了一些共同點——大家在年少時期似乎都買下了不少的「負債」。也許對理財有點概念的人看到「負債」這兩個字，就知道我接下來要表達什麼了，如果還不懂的人別擔心，我將會慢慢跟各位說明。

首先，在我們的世界中，大致上可以把物品分為兩類，一類叫「資產」，另一類叫「負債」。其中有什麼不同呢？

簡單來說，「資產」就是買來可以幫你賺錢的東西，例如：股票、工廠的機器。資產的另一面就是「負債」，負債不但不會幫你賺錢，反倒會

侵蝕你的財產。生活中大部分購買的東西都可以被歸類在負債這一項，例如：潮牌服飾、名牌包包等都是負債的一種。

這時可能有人會想問：「到底該怎麼分辨，我現在買的東西是資產還是負債呢？」

這問題沒有人能給你正確解答，為什麼這麼說呢？因為物品是資產還是負債，不是取決於「它是什麼」，而是取決時「你怎麼運用它」。

也就是說，資產與負債之間並沒有一條絕對清楚的界線，所以人們往往會為自己找一堆藉口去買進負債。

最常見的例子就是有人為了滿足自己的虛榮心而去買價格不菲、超過自己能力所及的名牌進口車（功能不再是單純的「交通工具」，而是帶有炫耀意味的購車行為），這時他通常會理直氣壯得說：「上班開車比較方便啊！」買交通工具還算可以理解，畢竟不是每個地方都有捷運跟公車；

買的不是機車也還能理解，畢竟機車是「肉包鐵」有點危險；但買的是「名牌車」就讓人無法理解了，名牌車不但很貴，通常也比較會吃油，萬一不小心故障，維修費一定也不會便宜到哪裡去。

講到最後「方便」只占了那麼一點點因素，因為虛榮心才是那人心裡最在意的事物，這就是資產跟負債之間的灰色地帶。

如果真的要避免類似的情況發生，只能靠自由心證而已，雖然那些很貴的「負債」通常可以為一個人的外表、行頭加不少分。

但是，每當我想到這些錢如果放對地方，就可以幫我生更多錢出來，我就會忍下我的購物慾。

當然，我也不可能把自己過得那麼彆扭，所以當我在股票市場多多少少有撈到一點錢的時候，還是會領一點出來犒賞自己。不過，由於我花的是由「錢母」所生出來的「錢子」，所以在花錢的時候比較不會有太多的罪惡感。

我的省錢小撇步

　　除了在第二章提過塑膠貨幣會影響消費行為以外，其實還有很多省錢的小技巧，雖然說大家平常都有自己的省錢妙招，不過我還是列出一些我自己用過的小技巧給大家看，說不定有些你沒想過的，可以應用在生活中！

1. 貨比三家不吃虧

　　讀書很重要，但書很貴。當然，我們都相信這些書籍裡面的知識可以幫我們賺到更多的錢，但是如果能在買書方面也省下一些錢，難道不是更好嗎？

　　我跟你們分享一個有趣的小故事：在我高三考完學測後，我跟家人到某大書店逛逛，然後不由自主地就走到了投資理財那幾櫃看看有沒有什麼新書。

第 4 章
難道學生錢少就不可以理財？

雖然我很喜歡逛某大書店，但我從來不在某大
書店買書，原因很簡單：太貴了。於是，我習
慣用手機把喜歡的書拍下來，再回家在網路書
店訂購，如此一來就能省下不少錢。

我不太清楚當時跟家人聊到了什麼，不過我當
時突然冒出了一句：「在逛投資理財區的人們，
如果真的想好好管理自己的錢財，那就不應該
把錢花在某大書店上，把喜歡的書拍下來回家
網購，這才是實踐自己理財目標的方法。」

結果，站在我身後的一位先生，不知道是聽到
了我的這些話還是他本來就有跟我一樣的習
慣，當下居然拿起手機拍了幾本書就離開了這
書店。

雖然那些話在逛理財書籍的人們耳中似乎有點
酸，但無意間幫了某人省了點小錢，感覺還是
不錯的。

2. 在網路找免費資源，還是可以挖到金礦

很多想學習投資卻不知如何下手的人，會在網路上找課程來上，不論是要親自去上課的實體課程，還是非常方便的網路課程，都很多；不過，他們大多都不便宜。

況且，如果上了不適合自己的課程，不但浪費錢還浪費時間。更可惜的是，很多人報名到不符合自己程度的課程，導致聽不懂或是覺得教學過於基本，就無法幫到自己。

我推薦可以在網路上找免費的講座去聽，千萬不要以為便宜沒好貨，台灣很多有名的投資作家，例如：陳重銘（不敗教主）、闕又上等等，很多時候都會受邀至大學或是其他地方演講，而且都是免費報名。

國中剛畢業時，我到位於南港的中信大樓去聽陳重銘老師的演講，但由於老師名氣實在太大，現場位置在開場前就擠得滿滿，於是我也不管

第 4 章
難道學生錢少就不可以理財？

不管什麼得體不得體，就直接坐在講台旁邊的
地上，聽完了全程。

有個很有趣的地方是，每當我去參與這種理財
演講或是活動時，我總是在場最年幼的那位，
而且其他人的年齡大概都落在 5、60 歲，所以
每當在最後的 Q&A 時間，只要我舉手發問，
往往都可以吸引到講者的目光和注意，也因此
有時可以在整個演講結束後，和講者聊上幾句。

3. 便宜的午餐和免費的晚餐

還記得在我國小三年級那年，家境不是很好，
所以我們總是用盡方法節流，印象最深刻的就
是我會把學校同學們沒吃的營養午餐打包回家
當晚餐。

偏偏小學生的胃口又不是很大，所以我打包回
家的量總是夠我們一家三口當晚餐。

印象中學校一學期的營養午餐費一餐平均只要

50 元，但是如果打包給全家人吃，一餐只要大約 12.5 元，而且還可以吃得很飽又均衡。我想，在台灣應該是不可能再找到如此經濟又實惠的例子了。

我的理財要領，從生活做起

許多學生都是月光族，除了沒有收入以外，不會規劃自己的零用錢也是一個影響很大的因素。因此，我在這裡分享一些關於管理金錢的一些方法。

1. 先存再花

許多人在拿到零用錢或是薪水的當下，不是先把錢存起來，而是想著要買什麼來犒賞平常辛苦的自己，然而一直不斷地買、不斷地清空購物車，這對於理財可說是一點效果也沒有。

切記在拿到錢的當下，我們應該要先存錢，而

且至少要存 20％，才能快速地建立起基本的財
庫。

2. 做好規劃，意外總是讓人料想不到

在把錢存好之後，手上應該還有大約 80％的金
錢，不過還不是享受花錢快感的時候，必須在
完成存款後，就進入到規劃的部分，像是計算
每天的餐飲費、交通費或是一些固定支出，最
好再保留一些錢當作緊急備用。

畢竟，我們總是難免遇到一些預期之外的花費，
而這些意外往往很容易打亂我們的規劃。

3. 享受人類花錢的本能

終於進入到大家最期待的環節了！在做好規劃
後，就是身為人類最擅長的環節了，所以我也
沒有什麼要多說的了，就盡情享受金錢帶給你
的快樂吧！

4. 要懂得保護自己

據我媽口述，我的外公與外婆是非常恩愛的一對夫妻，而且在長達數十年的相處中，只有吵過那麼一次架，而造成那次爭執的元兇，就是「作保人」。

也許各位或多或少都聽過「作保人」這件事，但我要給各位一個忠告，就是「不管對方是誰，都不要作保人，絕對不要」！

沒有錯，誰都不要，就算是家人也一樣。有太多例子都是當家人、好友的保人，結果下場非常淒慘。

如果不知道「保人」是什麼，容我簡單描述一下，保人全稱「保證人」，舉個例子：

若小明要跟銀行借錢，但銀行怕小明捲款潛逃，或是擔心小明沒有能力去償還債務，就會要求小明去找一個保證人，假如小明在貸款後破產了，銀行就有權要求保人替小明償還貸款。

這邊可以得到一個結論，就是作保完全得不到好處，而且會讓自己陷入水深火熱的困境當中，若因為「義氣」去當了保人，可謂是葬送自己的前途。

所以，要學會保護自己，絕對不要當保人，若是在家中聽到家人要去作保，麻煩請第一時間去阻止，就算會造成家庭紛爭也要堅持立場。

畢竟，常常有人被自己最信任的人欺騙，也許當事人不是故意的，但總會有機會讓家人扛下不必要的債務，所以不要當保人，千萬不要，絕對不要。

5. COVID-19 時期出現的少年股神們

根據《遠見雜誌》的資料，台灣在 2020 年多出了許多股民，而且 40 歲以下就占了 55%，這不但意味著投資年輕化，更體現出一個很好的現象，因為投資人數在疫情期間增加，代表

著大家的觀念都很好，懂得該在危機入市。

儘管如此，許多人仍是在投資知識不足時入市的，如果要說是誤打誤撞也不為過。然而經過一年左右的市場回調，台灣股市可以說是全面上漲，許多危機入市的少年股神們可以說是賺得盆滿缽滿，甚至已經開始想像靠股票一夜致富、提早退休的生活。

不過現實總是殘忍，當市場的價格高於價值，就一定會迎來一波回調，而這次的回調（股價修正）將會是向下修正，對於這些在股市最低點入市的人們來說，是沒有遇過的，畢竟他們是在市場最低點的時候就進入了股海。

一旦等到市場下修時，大家各自的投資實力就會顯現出來，所以對於少年股神們來說，最重要的事情就是如何把賺到的利潤守住。

然而，他們大多對投資還不夠熟悉，很容易走錯路。像我有一個朋友，很開心地將資金投入

了股市，但是他卻沒有分散風險，在技術還不
夠成熟的情況下操作短線。雖然說投報率目前
看來還不錯，不過能不能成功守住就是另外一
回事了。

最後，讓我們一起來複習一下小錢的理財步驟
吧！
（1）在資金不多的情況下：努力工作（學生可
　　　以打工）、規劃好生活中的花費、想盡方
　　　法省錢。
（2）資金足夠時：讓金錢進入股票市場，與全
　　　世界的優質公司一起成長。例如：每個月
　　　投資 1,000 元到 0050（關於 0050 在第 6
　　　章有詳細說明）。

還有別忘了投資自己，趁著年輕的時候盡量充
實自己，說不定會在未來發生意想不到的效果！

懂理財的孩子，視野變得更寬廣、更懂事

　　王者從出生到長大的過年紅包錢，每年我們都把它存在銀行，等他長大讓他自主管理。

　　曾經為了這件事和王者爸爸溝通過，為什麼不去繳註冊費？他說他很在意兒時父母說要代替他管理紅包錢，後來一去不復返的事，他不喜歡這種感覺，因此我尊重他的決定。

　　在王者國三時，他就把 15 年來所累積的紅包，開始進場買賣自己的股票，身為大人，就是陪陪他、讓他玩玩，了解他到底在忙什麼，他也分享在股市有趣的事情，因為金額不大，我想著賠掉也沒關係，畢竟經驗很重要。

　　當同年齡的孩子忙著追星、動漫和玩遊戲時，王者

可以在真實的金融投資市場裡跟著世界經濟趨勢同步感受興衰，並藉此過程擴張孩子的視野，擁有國際觀，這是我樂見的。

曾經有一陣子他一直跟我聊國際局勢，我深深感覺到已經跟不上他成長的速度了。

有時候，我也會覺得自己是一個很狠心的媽媽，讓孩子一個人在股海拚沈浮，面對股票賠錢的壓力，但這是必經過程，後來想想大人何嘗不是一樣，我就釋懷了。

經過這些年孩子的轉變，現在很多家中事情的討論和決策，都會聽聽他的建議，甚至我們常常因為許多外力造成情緒低潮時，換成是他用不同的人生角度來點醒我們，陪伴父母走過這一段中年的歲月。

第 5 章

意想不到的差距：
單利 vs 複利

愛因斯坦曾經說過：「宇宙中最強大的力就是複利！」（The most powerful force in the universe is compound interest.）既然有史以來數一數二的天才都那麼說了，那你應該知道複利是多麼重要的存在了吧！

不過，關於這句話有個有趣的事實——其實根本沒有人可以證實這句話是由他講出來的。但不管如何，複利絕對是你通往財務自由的路上最好的助手。

那些年我們一起討厭的數學

身為學生，我雖然還算喜歡數學，但還是常常想問蒼天：「我學這些數學在未來到底有什麼用啦？」

相信應該大部分的學生都跟我有過一樣的想法，但我不得不說，我在高一時還真的學到了滿

實用的數學，那個章節是「指數與對數」，這一章節的數學就可以告訴我們單利與複利究竟差了多少。

現在，就讓我們就來計算一下吧！

為了方便計算，我們假設本金 100 萬且每年單利 10%，經過了 10 年，這筆資金會成長到 200 萬，投資報酬率為 200%。

也許有人會覺得整整翻了一倍已經很多了，但要是今天把單利計算換成複利計算，我們可以發現計算結果大約為 260 萬，這時投資報酬率來到了 260%。

一樣的本金，一樣的時間，卻可以造成如此誇張的差距。

若是人們聰明一點，把每年得到的獲利再拿去投資，讓錢替自己工作，那 10 年後的差距就絕對不只 60%。

複利：駭人聽聞的一面

複利雖然可以在賺錢方面給我們很大的幫助，但是如果用錯地方的話，將會是我們遇過最可怕的殺手。

為了證明有多可怕，我在這裡提供一題數學題（來自補習班講義），如果看不懂的可以直接看結果，看得懂的則可以自己算算看，題目如下：

「逼死人」錢莊貸款一律採「九出十三歸」法則計算：貸款者借 10,000 元，實拿 9,000 元（1,000 元為手續費），一期（10 天）後需償還 13,000 元，並且採複利計算。

今阿赫跟「逼死人」錢莊貸款 20,000 元（實拿 18,000 元），且期間未償還任何借款，則最少經過幾個月後，阿赫需償還超過 4,000,000 元？（log1.3=0.1139，1 個月以 30 天計，不足 1 個月以 1 個月計算）

經過一連串的計算，答案是 7 個月。

你沒看錯！題目中的阿赫只是借了 2 萬元，經過了 7 個月的複利加成，居然就要還 400 萬，說真的，這不叫搶劫什麼叫搶劫？

我不知道真實世界的高利貸利率有沒有這麼可怕，但是我相信只要一腳踏入高利貸的流沙，沒有一身好功夫是不太可能脫身的。

所以，如果真的遇上財務困難，去找些專業的財務規劃師[1]（Certified Financial Planner, CFP）來幫幫你吧，以免毀了自己的美好未來。

善用 72 法則來計算

72 法則在複利的世界裡是一個非常好用的工具，不但簡單明瞭，更稱不上是需要背的公式，而它的功能是幫我們計算出要用多久的時間可以將資金翻倍。

這邊就為大家舉一個簡單的例子：

假設我每年的投資報酬率都為 12%，那麼就用「72」除以 12（投報率）這時我會得到「6」這個數字，因此可以得知，只要資金經過 6 年，它就會自動成長為 2 倍。

再來一個例子：

假設我有 100 元，年複利率為 8％，那麼用 72 除以 8 之後可以得到「9」，意思是 9 年後我就可以將 100 元變成 200 元！

不過這邊要注意，雖然我的資金成長為 2 倍，但我的購買力並沒有跟著增加到 2 倍，因為通貨膨漲會讓購買力下降，但這時如果遇到的是通貨緊縮，那麼這筆資金的購買力將會超過本來的 2 倍。

---

1 財務規劃師（Certified Financial Planner, CFP）：是一種很難考的職業，截至 2020 年底，台灣大約有 3,100 人擁有此證照。用簡單的話語來解釋，他們就是財務版的家庭醫生。

王者媽媽的獨門理財教養術

讓「理財小白」都看得懂

　　很多父母把人生希望寄託在下一代，希望孩子能夠「脫貧」，不要讓貧窮限制了他的想像，也不要當啃老族。

　　但是，父母本身腦袋不改變，孩子就是不斷地複製爸媽的花錢模式和理財作法，除了自覺性較高的孩子以外，很難逃出這樣的框架。

　　我跟王者說，書裡有些章節，以媽媽的財經知識看不太懂，畢竟是跨領域的東西，每天忙碌的生活，實在沒有多餘的時間來研究理財，身為上有老、下有小的三明治世代，很多朋友都有跟我一樣面臨相同的困擾，我將這樣的想法和兒子分享，希望這本書能夠幫助像我一樣的「理財小白」，改變思維，才能決定口袋深度。

　　有錢不是萬能，沒錢卻萬萬不能，許多人為了賺錢，創業是第一選擇，但是在創業之前，沒有做好萬全的準備，如果不幸失敗，那可就很辛苦了。

　　我有親友創業失敗，被錢逼急，就跟地下錢莊借錢；利滾利是嚇死人的，若還不出錢的話，當事人要被黑道剁手指甚至會有生命危險，故事發展到後來，結局是妻離子散，跑路失蹤，留下一屁股債，然後是債留全家。

　　這種電視劇八點檔的灑狗血情節，活生生得出現在我的身邊，而全家人的生命故事，也在此發生轉折點，老人家無法好好終老，小孩沒雙親又沒錢要如何長大，這些代價就是一篇血淚史，更是一股拉著整個家族往下沈淪的恐怖力量，埋葬了多少家人的一生。

　　所以，我一再得提醒兒子，一定要把地下錢莊的事情寫到書裡，希望藉由小小的力量，能讓看這本書的讀者，把這件事刻在心裡，永遠不要犯這個錯誤，因為代價實在太大了。

少年王者的理財術，
易懂易學易上手

第 **6** 章

最穩定的投資工具：
0050vsS&P500

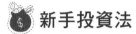 **新手投資法**

「投資股票的風險很高！」我想這句話應該早就深深烙印在所有人的腦袋中了吧！

但如果這個時候告訴你，其實世界上有項投資工具只要通過正確操作，賺錢的機率基本上是逼近 100%。

聽到這裡你可能會非常排斥，畢竟搞理財的人們一聽到「必勝投資法」、「教你如何快速致富」這些字眼都會保持一定的警戒心，尤其我又在這邊跟你說，有這麼一種不會輸的投資，說實在的真的很像詐騙。

但是請你保持耐心，聽我娓娓道來，我相信完整讀完本章以後，你就會了解為什麼這套投資方式不會輸了！

什麼是 ETF（股票型指數基金）？

ETF 的全名 Exchange Traded Fund 又稱「股票型指數基金」簡單來說，就是將指數「證券化」。

至於，有哪些知名的指數呢？

在台灣，大家最耳熟能詳的莫過於加權股價指數，美股方面則是有標普 500、那斯達克指數和道瓊工業指數。而平常在新聞中，常聽到今天台股漲了多少，美股跌了多少等等，其實這些資訊就是在描述指數的漲跌。

ETF 則是為了投資人方便分散投資風險，就此誕生。換句話說，ETF 像是一個大籃子，而這一個籃子裡面就包含許多種的股票，所以投資人可以用較少的本金來買入多種的股票。

就內容來說，非常像基金，但 ETF 卻是以股票的形式在市場上出現。在台灣，最出名的 ETF 非台灣 50（0050）莫屬，在這支 ETF 裡面有大約有 49% 的台灣的護國神山──台積電（2330）、4%

的聯發科（2454）和 4% 的鴻海（2317）等等。

而既然這支 ETF 叫做台灣 50，很明顯可以知道這支 ETF 裡面是由 50 間的台灣優質上市公司所構成；而美國最知名的 ETF 則是標普 500，標普 500 一樣也可以從名稱得知，這支 ETF 是由美國 500 支優質的公司所組成。

為什麼好的 ETF 能讓你的投資更安全？

ETF 最廣為人知的好處就是：分散風險。要做到分散風險的必要條件，就是要做好資產配置（關於資產配置第 8 章會詳細說明）。

要是資本額不夠的話，就沒辦法投資太多不同的標的物，導致只能投資少數類型的股票，並且提高風險；而 ETF 的出現剛好可以讓投資人用小額的金錢投資這個大型的標的物，讓投資人不用

承擔不必要的風險。

　我常常形容標普 500 像是赤壁大戰中的曹操水軍，因為標普 500 把最優秀的標的通通綁在一起，像極了當年的「連環船」，而且特性非常相似。

　比如說水軍會遇到大風大浪，而標普 500 會遇到金融海嘯，但是因為標的物的數量非常龐大，所以這支 ETF 非常穩固，不會因為一點市場的小狀況就產生震盪，跟連環船一樣沉。

　對於新手投資人來說，這個工具堪稱完美，這時有人可能想問：「當年的連環船不是用火燒一燒就沒了嗎？標普 500 會不會出現一樣的狀況？」

　的確，在遭遇世紀級的超級股災時，標普 500 也會受到不小的打擊，但儘管如此，我們仍有辦法找到解套的辦法，所以不用擔心虧錢的狀況會產生。

　至於詳細的操作辦法，會在下一節「除了對的工具，也要用對方法」為大家詳細解說。

 除了對的工具，也要用對方法

在認識了許多工具之後，你是否已經對投資產生了渴望呢？如果有，恭喜你向被動投資踏出第一步，如果沒有也沒關係，說不定第 8 章的方法會更適合你！

接下來就要分享一個操作的小技巧：定期定額，至於這麼做的原因是什麼？很簡單，因為不管買入的標的物有多麼優質，只要價格是買在高點，就是一個不好的投資；相對的，如果在夠低的價位買入了不好的標的物，其實也可以當作一筆成功的投資。

因此，我們要學習如何買在低點，但問題是，股市每天上上下下，沒有人可以真正地預言未來（說精準一點的話，是無法預測極短期的走勢）；也就是說，我們永遠無法得知現在的價位在歷史上處於什麼樣的位置，所以採用定期定額的方式，將會是非常穩健的。

我來分析一下，定期定額會為我們的投資帶來什麼影響？

首先，由於我們設定的投資標的是 0050 或是 S&P500（標普 500），所以我們可以很大膽地推論，如果把時間線忘往後拉個幾十年，現在一定是歷史上的低點。

就拿 S&P500 來當例子，自從 1981 年開始，S&P500 的股價就是一路上漲，翻了 8.5 倍左右，但在這一路上，也不是一帆風順，S&P500 總共出現過 3 次大幅下跌，分別是 2000 年、2008 年、2020 年。

也就是說，除了歷史上的大股災外，S&P500 基本上就是一路漲，所以在美國經濟持續發展的情況下，S&P500 的未來走勢是可以預測的。

在這種情況下，使用定期定額就是最聰明的，如果不幸遇到了股災或熊市[1]，可以一路順勢往下買，用最優惠的價格買入最好的標的物；如果遇

上牛市 [2]，則可以一路往上買，跟著行情一起獲利。

此外，現在的銀行 APP 都可以設定定期定額，非常方便，基本上只要設定一次，銀行就會幫你執行，假如遇到了什麼狀況，想要執行賣出或是加大購買力道，都可以很輕鬆地做調整。

而且，由於我們的目標是靠著定期定額在歷史的時間線上買在低點，所以下單後也不用每天盯盤。如果跌了，那很好，因為那代表下次可以用更便宜的價格買入；如果漲了，那就賺錢。

換句話說，不論發生什麼事，都值得慶祝，所以可以很放心地投資，不用怕因為市場的震盪而影響到日常的心情。

1 熊市，指金融市場非常悲觀，股票暴跌的時期，例如：2008 金融危機。
2 牛市，指金融市場非常樂觀，股票飆漲的時期。

特立獨行、逆向思考，
有何不可？

　　以色列的小朋友在公園內溜滑梯時，大人是不太管小孩，而且是採放任方式，例如：不需要排隊，甚至可以在滑梯上直接往上走。

　　以台灣人的眼光，實在是太危險，就以色列的教育方式，他們的認知這樣是鼓勵孩子突破體制、不照常規，如此一來，長大才能擁有創造力。

　　而我教育王者，從小一定要翹課，很不可思議吧！他從幼稚園、國小、國中、高中，還有補習班，我都鼓勵他翹課。

　　你一定覺得很奇怪，怎麼會有媽媽這樣教自己的孩子，因為我跟他說，要運用你自己獨立思考的能力，去判斷這個老師教得好嗎？他的課程你有學到東西

嗎？你有興趣嗎？還是今天你累了想放空，與其是坐在教室裡浪費時間，倒不如就選擇離開吧！

可以採用請假的方式，或者翹課，我就是你的靠山，但是前提是要跟媽媽說，人要去那裡，只要讓我知道，就 OK。

記得 2014 年，韓國渡輪載著檀園高中學生旅行的沈船事件，就是因為事情發生時，孩子們都聽了船上的廣播，通訊官命令乘客原地守候等候，隨意移動是危險的。

尤其，通訊官還針對檀園高中的學生提了十多次，結果孩子們都乖乖的待在船艙裡，最後因為來不及逃出，多少年輕的生命就逝去了，造成多少家庭破碎。

對家長而言，那是多麼沈重的生命之痛，甚至是一輩子走不出來。

那一年，王者小學 6 年級，我看著電視嚴肅的對孩子說，老師或是大人說的話，不一定是對的，你自己本身要有判斷能力，學習分辨當時的狀況。

如果是你在船艙內，就不需要聽大人的指令，因為那是事關自己生命的嚴重問題，應該直接走上甲板，或許還有一線生機。

　　而當時那些不聽從廣播指示、自行爬上船頂、跳入水中的乘客反而活了下來，一個正確的想法，就可以救了自己。

　　反之，面對人生的各種狀況都是採同樣心態面對，尤其也不要有從眾心理，大多數同學做的事，不一定是對的，有時逆向思考、特立獨行和與眾不同，有何不可？

少年王者的理財術，
易懂易學易上手

第 **7** 章

投資還是投機？

第一次買股票，就是聽明牌來的

　　記得我這輩子買的第一支股票是宏普（2536），買它的原因其實很簡單，但在說明之前我想先說個故事，一個關於股票是如何進入我人生的故事。

　　還記得那年我國三，對於投資的想法，跟現在正在閱讀的學生或是投資小白們一樣，完完全全沒有概念，而就在那時，我媽媽身邊出現了一位朋友。

　　他介紹了股票這個工具給我媽，雖然我媽在很年輕的時候也買過股票，但基本上就是聽明牌亂買，所以在本質上跟賭博並沒有太大的差別，不過幸運的是台灣當時處於經濟起飛的階段，所以矇著眼亂買都有很大的機會可以獲得相當可觀的報酬。

　　事隔多年，股票這名詞早就消失在我媽的腦海中了；如今，這玩意兒再度降臨在她的身上，而我媽朋友推薦的股票正是宏普，但她自己也是聽

了就買。

　　說實話，這次的投資也可以說是聽明牌來的，不過這次跟當年有點不一樣，因為她的身邊多了一個我；而我，一個好吃懶做的生物，一聽到這個世界上居然有不用工作就可以賺錢的方法，燃起了我的好奇心，打算好好研究一下是怎麼一回事，於是就此踏上了我的股票之旅。

　　但是畢竟剛入門，完全不知道該如何下手，所以宏普也非常合理地成為了我的第一支股票，還記得剛買入股票的那一週，我每天都期待著開盤時間，看看我的股票會有什麼表現。

　　不知道該不該說我有新手運，在買入的一週後就立刻讓我嚐到甜頭。

　　雖然說我的第一筆交易是以很低的投報率2.48%來結束，但這也讓我體會到──原來賺錢不一定要靠勞力，從此我就靠著少少的本金不斷交易。

炒短線的那些人

　　我很享受不斷交易的快感，在我投資生涯的初期，從來沒有一支股票在我手上待超過兩個月，儘管當時的我已經知道投資要看長期的趨勢和發展，但我依舊沈醉在買入和賣出之間。

　　也不知道是不是老天爺特別眷顧我，在我最初的那些頻繁交易中，居然沒有一筆是虧錢的，甚至有一筆交易達到了 12.61% 的投報率。

　　還記得當時，我每天都享受著股票賺錢的日子，但就現在的我來看，那不過是一連串運氣特別好的賭博而已。

　　為什麼我會這麼說？

　　首先，我要承認，我當時投資了一堆我根本不熟悉的企業，印象中除了宏普因為是別人推薦的，所以知道一些相關資料以外，其他的投資標的我都半生不熟。

　　其二，除了少許股票是靠殖利率（每股股息〔現

金股利〕÷每股股價×100）的高低判斷以外，其他的股票我完全不記得當初是怎麼選擇的。

其三，投資人之所以會投資一家企業，是因為看好那間公司的「長期發展」；也就是說，真正的「投資」是會讓股票留在手上非常久的，要不是公司基本盤變了、未來發展看弱或是股價因為一時的消息衝到過高，不然一位好的投資人是不會輕易清出自己的倉位的（賣股票）。

想快速炒短線，就得認識「當沖」

巴菲特曾經說過：「如果你不願持有一檔股票10年，最好連10分鐘也不要持有。」（If you don't want to have a stock for ten years, then don't consider have it for 10 minutes.）

但是，當初的我卻交易得非常頻繁，連持有半年都不願意。一直到後來，我聽說了一種叫做「當

沖」的交易方式，才知道我持有股票一週對於那些玩當沖的人已經持有太久。

這邊我先簡單介紹一下「當沖」這個交易手法，「當沖」顧名思義，是「當日沖銷」的意思，而操作的方法就是針對某一個特定的標的物，在同一天進行「買入」和「賣出」。

我舉個例子：

今天我用 120 元買入 10 股的 AAPL，經過了一小段時間後，AAPL 的價位來到了 122 元，我就立刻將這全部的股票賣出，而我的利潤就是這（122—120）× 10 股的 20 元（如果在同一天內完成買賣就是當沖）。

為什麼有人會喜歡這種交易方式呢？原因很簡單，因為從事當沖「不需要」成本，所以它又稱「無本當沖」，而就是這一點讓沒有那麼多錢的投資人可以投資很貴的股票。

我再舉一個例子：假如我今天戶頭裡只有 5 萬

元，但是我看好目前一張 60 萬元的台積電會在今天上漲 10％，那我就可以在盤中買入台積電，並且在它上漲之後將股票脫手；假如真的跟我預期的一樣上漲了 10％，股價來到了 660 元，而我就賺到了這 60 元的價差。然而，我從頭到尾都沒有真的花 60 萬元去買股票。

所以，這個行為其實相當於操作了很高的槓桿，而且專職做當沖的人都不會一次只買一張股票，而是會做非常大量。

當沖對我來說，是一個風險非常大的操作方式，而且需要無時無刻都黏在電腦前面，真的太累了，所以到最後我並沒有去鑽研更多關於當沖的知識和技巧，也不會推薦給新手。

如果說當沖有一個比起一般投資還要安全的地方，那就是不用將股票留過夜，也就是說不管在晚上發生什麼意外導致股價下跌，當沖操作者都不用去承受這個風險。

不過在價值投資者眼裡，如果真的發生了什麼意外導致股價直直落（例如特斯拉的車子若出問題，就會導致特斯拉股價下跌），在該意外不足以影響公司基本面時，那的確是一個逢低補進的好機會（可以降低成本又可以增加好公司的股票數量）。

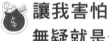 讓我害怕的期權（選擇權），無疑就是一種賭博

在我剛接觸美股時，因為想避免支付高額的手續費，所以選擇美國的證券商「Firstrade」，這個交易商最出名的優點就是交易完全 0 手續費。如果有想要進軍美股的想法，我非常推薦這個券商給各位。

當時，我隨便點開一支股票，準備看個資料，結果它的頁面就顯示出「股票交易」、「期權交

易」、「詳細資料」三個選項,但期權這東西我可是完全沒聽過,甚至以為期權就是期貨。

有著強烈好奇心的我就點入了「期權交易」的選項,結果出現了我完全沒想過的畫面,一堆不同的股價、權利金、到期日等出現在我的手機螢幕上,而我卻完全搞不清楚那些數字所代表的意義,這對於我來說是個完全陌生的新世界。

於是,我就在網路上查了很多關於選擇權的資料,雖然選擇權跟當沖一樣是屬於槓桿交易,但我對選擇權卻抱著躍躍欲試的心態。

還記得當時只知道 Buy call、Buy put、Sell call、Sell put 等最基本的定義,就帶著好玩的心情隨便做了一檔 Buy call,也許我真的有一點新手運,在做這支選擇權後沒過幾天,投報率直接爆衝到 40%。

這對槓桿不熟悉的我來說,無疑是一波不小的衝擊,畢竟在股票的世界裡,投報率達到 20%就已經

很厲害了。

在那段時間裡，我一直沉醉在選擇權的世界中，對於當時的我而言，選擇權其實就是一種拿來賭博的工具，並沒有搭配任何的持股或是策略，所以完全不能稱作投資；但是，最起碼知道我這就是一種賭博，所以拿出來的金額只有那微不足道的一點點，就算賠光也無傷大雅。

賭性堅強的我越玩越大，直到有一次不知道是燒壞腦袋還是怎樣，居然做了一筆金額不小的 Buy call，而當天晚上的我不管怎麼樣都睡不著，偏偏我選的到期日離下單當天只有大概一週而已（選擇權買方若是預測錯誤就會輸掉權利金），所以不管怎麼說，虧錢的機率遠遠超過賺錢的機率。

我從來沒想過的事情發生了—奇蹟降臨了，到了隔天這支期權上漲了大約 70%，當時的心情真的沒有辦法用一般的言語來形容。

結果就在我脫手之後，股價立刻直直落，沒錯，我在最完美的高點脫手了，但這是真的完全靠運氣，沒有任何一點點投資手法跟策略可言。

　　為了警惕自己不再犯傻和感恩上天，我把獲利的一部分回饋給社會，其中 60% 捐給了無國界醫生，另外 40% 則是拿去捐棺材（許多窮苦的人在過世後沒有經濟能力處理後事，而我剛好知道一個團體專門處理類似的事情，於是選擇了向窮苦人家在過世後提供棺材）。

 ## 不可以貿然將資金投入，否則後果自負

　　在徹底了解一種投資標的與金融工具之前，絕對不可以貿然將資金投入，否則後果自負。

1. 讓我愛不釋手的期權（選擇權）

　　在上述事件發生過後，我雖然發誓自己不再拿

選擇權來「賭博」，不過我還是很好奇，究竟是什麼樣的運作原理可以打造出如此恐怖的槓桿。

這次我選擇了不再盲目亂搞，而是好好將選擇權這玩意兒研究清楚，結果就發現這東西比股票複雜好幾倍，但是我也在學習的過程中發現，原來選擇權不是拿來投機的工具，而是一個很好用的避險工具（例如 Buy put 就很像買保險）。

那陣子我花了很多的時間跟精力來了解這項工具，也學了不少的策略，結果沒過多久，選擇權就重回了我的工具列，但這次它以全新的樣貌出現在我生命中，當我重啟期權交易時，我的心情不再隨著它起起伏伏，而是氣定神閒地操作著。

2. 期權最基礎的 4 種交易方式

動詞：買（Buy）、賣（Sell）

名詞：買權（Call）、賣權（Put）

經過排列組合後，我們可以得出買買權（Buy call）、買賣權（Buy put）、賣買權（Sell call）、賣賣權（Sell put）四種結果，但是因為這些用詞的中文實在太容易搞混，所以在交易選擇權時，大家都會使用英文，而 Buy call 和 Sell put 是屬於看漲的工具，而 Sell call 和 Buy put 則是看跌。

沒有「絕對安全」或是「絕對危險」

考量到閱讀本書的讀者基本上都是投資初學者，所以我不會在此描述過多關於期權的想法和專業知識，畢竟在連股票都還沒有徹底了解之前就去碰衍生性金融商品會是非常危險的一件事。

　　在本章我想表達的重點是：沒有一項金融工具是「絕對安全」或是「絕對危險」，這全都要看投資人如何去使用，但在操作前，請務必確保自己已經了解其運作方式。

　　如果對選擇權有興趣的話，我推薦你們在Youtube 上搜尋「G 哥 - 美股期權與區塊鏈」，這是我所認識在 Youtube 上講解期權最詳細的頻道，我的期權知識也有很大一部分是來自這個頻道。

　　我相信只要了解得夠徹底，就可以發現期權在妥善運用下，非但不是像別人口中說的一樣危險，而且還是一個不可不學的工具。

利用「逢低補進」來「攤平成本」

　　看了這麼多書、實戰了這麼多年，雖稱不上多專業，但至少我有許多專業投資人沒有的經驗。如果問我在投資上有什麼優勢的話，我一定會毫

不猶豫地回答：「年齡」，畢竟好的投資需要非常多時間來讓複利發揮效果。

此外，在閱讀很多理財書籍後，我發現一個小問題，那就是專業投資人寫出來的書籍通常有很多難懂的文字，或是需要有一定知識量才能看懂。

因此，我會用最簡單的白話文來翻譯，舉例來說當我在詮釋「逢低補進」時，就會直白解說它的意思與背後真正的意涵，還有逢低補進時會遇到的狀況。

關於逢低補進、長線佈局、價值投資等等，我想如果有讀過其他理財書籍的人，這些名詞應該都看膩了，畢竟這些觀念重要到他們值得被每一本理財書提及。

我還是不免俗地介紹一下「逢低補進」，因為第一次學習投資的人可能連這個名詞都不太懂。

所謂逢低補進指的是：「某標的物（例如台積電）在股價下跌時，雖然手上的股票可能會呈現

虧錢的狀態，但這時我們不應該因為一時的虧錢就把股票賣掉，我們該做的是趁這檔股票下跌時，買進更多」，這麼做無非就一個原因：攤平成本。

「撿便宜」買股票，會虧錢？

雖然投入更多資金可能會讓投資人更焦慮，不過大家可以換個想法，每當我執行逢低補進時，我通常會把它想成「撿便宜」，之所以會有這個想法其實很簡單，像是百貨公司週年慶時，照理說都會吸引一大堆人來 Shopping，而這些人無非就是想趁打折打很兇的時候買入那些平常貴到讓人下不了手的奢侈品。

但是換到股票市場，一樣是遇到奢侈品（平常很貴的股票）打折（股價因為消息面等等原因突然下跌），卻很少有人會認為遇到了好機會而加碼投資，所以在公司前景依舊光明時，我們應該

趁低價時大量買進，而且我完全可以理解投資人的心情，畢竟眼睜睜看著自己買入的股票下跌，心裡確實不好受。

「股票跌了，別慌！」因為你很有可能做對了，當然我要說這只是「可能」。

為什麼我要這麼說？根據我的經驗，一筆好的長線投資，一開始一定是先虧錢，這個論點我覺得很有趣，因為我不曾在其他書籍中看過有人這麼說，或著說他們都寫得太隱晦，「逢低補進」背後的真正意義，其實就是「虧錢」。

如果這麼做會虧錢，那麼價值投資人（根據公司價值而非短期趨勢投資的投資家，例如巴菲特）為何還會推薦大家這麼做？答案很簡單，因為虧錢只是暫時的。但有個問題是，這個「暫時」可能很久，久到長達好幾年，如果在人生第一次投資的狀況下遇上這種狀況，通常會對自己的自信有很大的磨損，甚至會開始懷疑自己的眼光。

就我自己而言，還會有「要是晚一點買就好了
呢」的想法，不過儘管腦袋時常出現這種思想，
但我知道在投資的世界裡，沒有什麼比紀律還重
要。（💰小提醒：如果要積極一點做波段跟短線
的話，上述方法則不適用。若是渴望靠投資暴富，
請去學習技術分析。）

💰 投資，先苦後甘

為什麼正確的投資，總是要先經歷痛苦呢？

身為一個紀律嚴謹的投資人，會在股價下跌時
執行「逢低補進」，但這下跌通常只會是開始，
而不是結束。

當一間公司基本面沒有退步卻面臨股價下跌的
狀況，就是投資的好時機，而且當股價下跌時，
有一定的機率會持續下跌，這時投資人虧的錢就
會變更多；不過在此同時，優質的股票也會變得

更便宜。

　所以要做的事很簡單，就是持續買入，這代表投資人會經歷很長一段時間看著手上的股票一直跌一直跌，而自己還要一直花錢去買更多可能繼續跌的股票。

　由於不知道股票究竟何時會止跌回升，這對新手投資人來說，將會是一個非常痛苦的過程，但是一旦被投資人等到股價反彈，這長時間下來所忍受的痛苦和委屈，將全部化為甜美的甘露和豐富的報酬，因為只要成功熬過這段路，一切都會值得的！

股神真的存在，但又如何？

　這裡要跟大家討論的股神不是巴菲特，也不是什麼世界級基金的創始人，而是身分跟我們一樣的——散戶，不過他卻有影響指數的能力，而這

位股神就是日本史上最強散戶「CIS」。

他是誰呢？不知道，真的不知道。據說，知道他本名的人少之又少，所以關於他的真面目，無從得知，但是「CIS」這三個大字在日本投資界卻是無人不知、無人不曉。

那麼，他明明只是散戶，為何卻有能力撼動日經指數呢？說到這裡，一定要和大家介紹一下他的戰績。

這位跟我們出身一樣的散戶，曾經在 16 年之間把 300 萬日圓變成了 230 億日圓，投資報酬率約 7,600%，年複利大約為 74.5%，這組鬼神般的數據真的是令人不敢置信，但事實擺在眼前，他就是存在。

不過，他的技巧跟心法，與長期投資者可說是大相逕庭；換句話說，他喜歡做短線，也不喜歡在股價下跌時「撿便宜」。

但問題來了，明明怎麼看成績，短線操作[1]都

比長期投資者們優秀，為什麼還是要跟大家推薦長期投資呢？

原因很簡單，因為短線的風險太大了，儘管 CIS 曾經在 10 分鐘內賺進 6 億日圓（J-COM 之役[2]），但各位也別忘記，他也曾經在 3 天內輸掉 5 億日圓。

這下問題很清楚了，雖然賺錢的那一面總是讓人津津樂道，但賠錢的次數一定也不會少到哪裡去，而且做短線需要大量的時間與精力，一般人在白天不是上課就是上班，因此我們很難真的效仿他的作法。

除此之外，做短線的通常都會輸很多錢，因為做短線需要很高的技術分析實力，；不可否認靠短線致富的人其實也不少，但我們需要知道，在這些極端成功案例的腳下，是踩著數也數不清的失敗者。

如果對 CIS 有興趣，可以去買《主力的思維》

這本書就是他親自寫的。另外，韓國也有一位很厲害的散戶叫做「游牧民」，則寫了一本《社畜的財務自由計畫》，如果對短線有興趣的朋友，不妨去買來看看。

---

1 短線操作：意旨在極短的時間完成買賣的操作。短線沒有絕對的時間區隔，但通常指短短幾天或 1 到 2 個禮拜。當沖也是短線操作之一。
2 J-COM 之役：因銀行交易員買賣出錯，導致 J-COM 股價在極短時間內，大幅度地先跌再漲，而 CIS 趁著這個機會賺到 6 億日圓。

養出超喜愛理財的孩子

我相信很多讀者，會問我一個問題，孩子年紀這麼小，他會搞懂什麼是股市投資嗎？進場不會闖禍嗎？

某個程度，我會說服自己：孩子喜歡積木，妳會買積木；孩子喜歡畫畫；妳會買畫筆；孩子喜歡電玩，妳會買電腦；孩子喜歡運動，妳會買運動鞋。那王者喜歡投資，我怎麼可以阻止呢？

初期，我會睜一隻眼閉一隻眼，畢竟只是個小孩，學習任何東西，一開始總是要繳學費嘛，我是覺得還 OK。

但是，到後來有段時間，我會開始有點焦慮，尤其他開始學習選擇權和當沖，會偶爾進場玩

一下，這些投資種類我都不懂，就覺得很恐怖，因為那是我從未碰過的領域。

還好的是，從他還是嬰兒時，我每天都會一直跟他聊天，不管他聽的懂或不懂，每日 1 小時左右的母子對話，從未間斷。

所以，我了解他的理財進度、方向到哪裡，他的投資狀況如何，耳提面命一定要小心，可以出小差錯，不可以出大差錯，投資的風險要設定在我們能夠承擔的範圍之內。

我曾經跟兒子說，一開始只希望你能夠擁有一些基本的理財常識，畢竟男人未來是要承擔一個家庭的責任，不要長大或成家以後，還在那裡搞不清楚狀況，過著沒有明天的日子，受苦的是整個家庭；對我而言，那是一件很害怕的事情，所以我要從小培養你正確的金錢觀和價值觀。

萬萬沒想到的是，王者說我的作法，勾起的

不是他的興趣，而是他的野心，這下子真的是
嚇到我了，從未想到事情的變化會是如此。

　　而我們夫妻也一直不理解孩子為什麼這麼超
乎常人的喜愛理財，早就自我設定要達到財務
自由的年紀。直到有日，拜訪某位大哥說到的
太極理論（物極必反），因為王者爸爸是個藝
術家，我這才理解，孩子為什麼這麼喜愛理財。

第 **8** 章

不可不知的觀念：
資產配置

貪念蒙蔽雙眼，我失敗了

說到資產配置，一定要跟你們分享我失敗的投資經驗，這個故事發生在我 15 歲時（國中三年級）。當時的我剛開始接觸投資，完全沒有人教，只能靠著一些書籍跟網路自學，導致我在投資路上走了不少冤枉路。

那一年，我很嚮往每年都領著大量股利和股息的日子，於是我上網找了台灣股票的殖利率排行（每股股息〔現金股利〕÷ 每股股價 ×100），之後選定了台端（3432）和大億金茂（8107）當作投資標的。

當時我被高到不合理的殖利率蒙蔽了雙眼，在沒有好好認識那兩間公司的狀況下，就輕易地把所有的資產丟進去。

台端更在宣布了當年的高殖利率之後，連續好幾天漲停板，因此我更加確定我選到了一支好股票，但好景不常，印象中當初過了除權息日[1] 沒

多久，台端的股票陷入了無止境的下跌，使我的資產基本上處於被腰斬的狀態，雖然後來的確領到了不少的股利，但是價差和股利總和起來，我的資產仍舊蒸發掉 25％。

可笑的是，當時見到闕又上老師後，他還問我投資了哪些股票？我很開心地給他看了我的證券帳號，一直到非常久以後，我才認賠出場，將資產轉移到真正能替我賺錢的地方。

 ## 我的失敗經驗，值得大家借鏡

我犯不少錯，以下列出來給各位參考，希望各位可以當作前車之鑑，避免跟我犯同樣的錯誤。。

1. 投資了不熟悉的公司

我自首！在我看了殖利率排行榜之前，我根本沒有聽過台端這間公司，並且沒有在決定投資

前好好看過這間公司的基本面資料。在這裡我
要澄清，我並不是說台端不好，而是想告訴大
家，千萬不要隨隨便便投資一間你根本不了解
的公司。

2. 不願意認賠出清

承認投資失敗看似簡單，實際上卻是萬般困難，
畢竟要承認自己的缺點和失敗從來不是一件簡
單的事。

實不相瞞，由於我始終相信我手上的股票總有
那麼一天會回到高點，所以我每天癡癡地等著
那一天的到來。

話說當時會有不停損的想法，主要是因為巴菲
特曾經講過一句話：「不能承受股價下跌 50％
的人，就不應該炒股！」（Unable to bear's
shares fell 50% of the people should not have
to fry.）

於是，我憑著這個信念，在接下來的一年裡繼續抱著這支不會成長的股票，而放棄其他更好的投資機會，上了高中後我經過了許久的掙扎和考慮，才決定正式地和這支股票「分手」。

3. 超級糟糕的資產配置

終於要講到本章的重點了！我想不管有沒有學過投資，應該多多少少都聽過「雞蛋不要放在同一個籃子裡」這句話，而這句話本身要表達的其實就是分散風險的重要性。

在這次的例子裡，由於我把所有的資產全部放在同一間公司，造成了極大的風險；換句話說，當這間公司如果在營運上出現了任何問題，我完完全全沒有能力去抵抗我所面臨的風險。

因此，我們需要學會如何資產配置，使我們可以在報酬和風險之間取得最佳的平衡。

如何打造屬於自己的資產配置

首先我想說，每個人都該擁有一套屬於自己的資產配置。

為什麼不能直接抄別人的投資配置？原因很簡單，因為每個人所適合的投資方式跟願意承受的風險都不同。

比方說今天有一位 80 歲的阿嬤跟一位 18 歲的少女接受了一樣的理財教育，並都決定投資台灣市場，但她們的資產配置很可能就會不一樣。

年紀長的投資者對「穩定」的需求一定比較高，畢竟她已經沒什麼體力去創造主動收入，所以在阿嬤的資產配置裡，一定是以現金、債券跟台灣50（0050）占大部分。

而 18 歲的少女因為有大量的精力去創造主動收入，而且人生還很長，就算投資失敗也還有東山再起的機會，所以在少女的投資組合裡就可以放比較多的個股，甚至拿一小部分出來做槓桿，這

樣都是合理的。

　　當然，年齡只是影響資產配置的其中一個因素而已，真正會影響到資產配置的原因可說是不勝枚舉，在各位配置自己的資產之前，希望大家都要知道自己的風險承受度到底有多大、可以承受的波動性究竟有多大。

　　如果想要簡單認清楚自己的風險承受度，那只要問問看自己，平常是屬於愛冒險的人還是保守一點的人。

　　至於，現金占例要放多少，平民投資界流行一種簡單的方法，那就是幾歲就放大概多少百分比。

　　例如：我今年 20 歲，我就放 20% 的現金，讓另外 80% 去參與市場運作。這道理很簡單，正如本章一開始所言，年紀越年輕的人風險承受度就越高，畢竟就算輸光了，還是可以靠工作賺錢。

　　但是，如果你很年輕卻不喜歡冒險，當然也可以按照自己的意願提升現金部位來避險，像我就

喜歡讓我的現金占 25%，當然大家可以不必學我，找到自己舒服的配置方式才是最重要的。

總之，在打造專屬的資產配置前，決定好現金部位是必須要做的。

決定好現金比例後，第二步就是決定投資標的物。

如果是投資新手的話，我一般會建議先從定期定額 ETF 開始，關於這個部分，我在第 6 章有詳細的解說，如果忘記了可以翻回去複習一下。

如果有特別感興趣的個股想要投資，當然也可以放入自己的投資列表中，不過我真心希望各位投資的個股不是聽明牌來的，畢竟投資絕對不能隨便。

如果想要投資個股，我還是推薦選擇美股，當然如果對台灣市場很熟悉的話，也可以直接忽略我的這段話。

要是有人說我是美股擁護者才會推薦美股的

話，我完全不會否認，所以，我要在這邊分享我
為什麼從台股市場轉戰美股市場。

1. 資本額

台灣公司值多少錢？美國公司又值多少錢？我
想這兩者之間的差距大家心裡都有個底，當然
在這之間多多少少會有一些例外，像是台積電
就是一個活生生的例子。

「大部分」的情況下，在美國上市的一流公司
資本額都非常龐大。

如果資本額過小，大部分的股票就容易聚集在
少數的股東身上，這會造成大股東會有一定的
能力去操作股價，而台灣市場就時常發生操作
股價的事情，這種行為就是俗稱的「炒作股
票」。

另外，在內線交易的世界裡，菜鳥投資人的眼
光和實力完全不管用，因為股票市場不再依靠

自然法則運行，而我也相信，炒作股票和內線
交易是造成台灣散戶很容易虧錢的一個主要原
因。

2. 品牌價值

台灣最具知名度的股票有哪些？看到這個問題
的當下，很多投資人的腦袋中無非是出現大立
光、台積電、中鋼等等。

但是仔細想想，這些股票當中，究竟有多少支
是享譽國際的大品牌？

在台灣，實力最堅強的那幾支股票，大多都是
幫國外代工，也不是說代工不好，畢竟台積電
在晶圓片的市場也是做到了全世界第一。

但我的意思是，看看國外的大公司，例如
Google、Microsoft 等等，他們是負責創新跟發
明的，甚至可以說是引領全世界風潮、創造新
未來，個個都擁有台灣公司無法企及的國際影

響力。

這時候如果我們讓資金跟著這些世界級的公司一起成長，那將會成為非常令人開心的事。

3. 熟悉度

人們總說要投資自己熟悉的公司，但台股充斥著許多新手投資人不認識的公司，若是沒有好好研究，根本不知道那間公司的特質與未來發展。

在美股的世界裡，有很多我們很熟悉的品牌，甚至說那些公司跟我們的生活息息相關，例如可口可樂（KO）、星巴克（SBUX）還有NIKE（NKE），都是大家熟到不行的公司，所以如果對台股比較沒研究的話，不妨可以試試看美國的股票！

再次強調，買入美股只是我個人推薦，如果投資外國股票讓你沒有安全感，那台股還是一個

好的選擇。

至於個股如何挑選，接下來我來跟大家分享一招——懶人選股法。

懶人選股法

想必初入股市的各位，多多少少都聽過一些世界級的投資大師，就算沒有聽過凱薩琳・伍德（Cathie Wood）、霍華德・馬克斯（Howard Marks），最少最少也聽過華倫・巴菲特（Warren Buffett）吧！

在還沒有能力精準挑選個股時，我建議可以去找一位自己喜歡的投資大師，但是要注意，請找個投資風格（大膽或穩健）與自己相近的投資人。

在找好自己喜歡的投資人後，就去查查看他們的資產配置有哪些股票，並且看看他們是在什麼價格買下哪一支股票，如果現在市價低於他那位

投資人買入的股價，就可以考慮進場了。

　　舉個例子，比如說我很喜歡凱薩琳‧伍德的投資風格，我就會上網去查凱薩琳‧伍德的資產配置，這時我會發現她曾經用選擇權中 Buy Call 的方式用 460 元買下特斯拉。

　　這時我們可以模仿她方法，若是特斯拉今天在基本面不變與前景依然美好的狀況下跌破了 460元，然後你對特斯拉這間公司又有強烈的興趣，就可以考慮分批買入特斯拉，或是用選擇權 Sell Put 的方式把履約價設定在 460 元。

　　若是選擇權到期時特斯拉沒有跌破 460 元，那就可以開開心心地將保證金收入口袋；萬一特斯拉真的跌破 460 元，那就趁機接下股票，起碼可以保證這個買入的價位是投資大師所認可的。

　　不過有一點要注意，就是不論那支股票有多麼吸引人，都不可以讓它在資產配置中占據太多比例。

那麼，個股在配置中的占比又該如何抓呢？我個人喜歡模仿基金公司，不會讓一家個股超過10%的比例，但有時遇到股價下跌要執行逢低補進時，我最多會讓單股占到15%，如此一來，相信大家對自己的資產配置已經有個雛形出現在腦海裡。

接下來，要跟大家介紹一個優質投資人一定會在意的——防守。

負相關資產有多重要？

在資產配置中，除了現金比例很重要，還有一項不可忽視的存在，那就是——負相關資產，這是什麼東西呢？

所謂的負相關資產，簡單來說這些標的物在股市大幅上漲時，它們會變得很冷門、沒有人在意，但是當熊市來臨時，這些資產可以成為救你一命

的英雄，像是債券就是一個最經典的例子。

　　適時在自己的投資組合中加入適量的債券，絕對只有加分沒有扣分，雖然在大盤行情出現多頭走勢（例如牛市）時，這些債券會讓你看起來像個笨蛋，不過如果看看他們歷年來的表現就知道他們扮演的角色。

　　例如，TLT（i Share 20 年期以上美國公債 ETF）在 2008 年跟 2020 年都分別走到了一個高點，這代表當你手上的股票面臨雪崩式的下跌時，這些負相關資產可以幫你降低受傷的程度。

　　至於該配置多少債券，一樣要評估自己的風險承受能力，如果風格很保守的話，可以股票和債券各占一半。或著是可以參考我的配置（見下頁圖），債券占總配置 20%，除了債券，我自己也有買入追蹤 VIX（恐慌指數）的標的物 VXX，而在債券方面可以考慮巴克萊投資級的公債，像是 BND 就是一個很好的選擇。

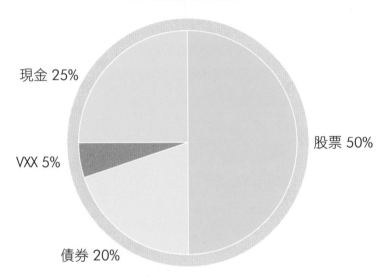

王者的資產配置

現金 25%

VXX 5%

股票 50%

債券 20%

🪙 像個專業經理人一樣思考

為什麼要做好資產配置？無疑是為了分散風險，所以我們會挑選不同的個股、ETF 跟債券，藉此豐富我們的投資組合。

但是問題來了，在我們打造好理想的資產配置

後，我們真的有成功地將風險分散嗎？

這句話是什麼意思？讓我來解釋一下，比如說在我的投資組合中有 5 支個股，而我要做的就是讓這些股票可以互相制衡，在風險來臨時可以掩護彼此。

假如我手上這 5 支股票中有 3 支是電路板股，另外 2 支是晶圓代工的公司，表面上我因為有將雞蛋放在不同的籃子中（投資不同公司），看起來很安全。

但是，萬一今天發生了高科技泡沫，造成 NASDAQ 指數大跌，我手上全部的資產都將跟這場股災脫不了關係（因為都屬於高科技類別）。

就結果看來，這樣的分散風險是很失敗的，要是有人認為不會發生這種事，那請去看看 2000 年的科技泡沫，雖然那時標普 500 的跌幅也不小，但是如果手上全是科技股，那幾年肯定是賠了不少。

所以，我們應該好好審視手上的股票，思考一

下他們之間的關聯性，想像一下若是市場迎來了一波下跌，它們有沒有辦法掩護彼此。

　　若是市場不幸出現了熊市，別忘記我們的配置中還有負相關的資產可以帶給你保障，讓我們可以安穩入眠，使自己的心情不會隨著市場上上下下。

跨出第一步，總是知易行難

　　不管做任何事情，最難的永遠是「跨出第一步」，所以趁記憶猶新的時候趕快設計出屬於自己的投資方式吧！

　　如果嫌麻煩就放棄的話，可是會少賺很多錢，而且其實我也理解大家覺得辦證券戶，或是用 Firstrade 要去辦海外電匯，都是一件複雜又麻煩的事，但是我認為要痛就痛一次、要麻煩就一次麻煩到底，所以不如現在就行動吧！

只要照著書中的作法投資，甚至不用整天神經兮兮地盯盤，只要久久整理一下就好（買賣一點股票，依現值調整比例，讓資產配置回到原本的比例）。

　　至於多久要調整一次比例，其實因人而異，不過資產配置很安全的人可以好幾年不做平衡，但我個人建議半年一次就好，不必花太多心力在股市上。

　　這種方法可以說是一勞永逸，只要行動這麼一次，就可以為我們的未來帶來良好的收入，並且讓我們連睡覺都在賺錢，這麼好康的事，難道不值得試試看嗎？所以動身吧！真正想為自己負責的人，是不會怕麻煩的。

1　除權息日：在除權息日前買入股票，就有資格領股息股利；相反，在除權息日後買入股票，則沒有資格領股息股利。投資人若是想要領到股息股利就要特別注意。

王者媽媽的獨門理財教養術

初心：
讓孩子的投資理財從小扎根

　　兒子一天一天長大，對投資理財的興趣也日益增多，並設定未來從事職業操盤手。我們常跟他聊身邊許多親朋好友所面臨的經濟狀況和財務危機，解決的方式都是令我無法理解。

　　我們交換了許多看法，他說問題根源就是教育，因為學校教材很少提及這部分，台灣的學校教育就是一味要孩子唸書，理財知識相對匱乏，才會有那麼多因為金錢所產生的社會新聞和家庭問題。

　　在多年前，王者有聊過說長大後要自己創業，要從事教育事業，幫助台灣的孩子擁有投資理財的基本觀念，讓他們從小扎根，我很認同這個想法。

　　那次我在逛書局時，我發現書架上關於投資理財的

書本，大多是給專業人士閱讀，難度較高，再下來就是國小低年級，至於適合國小高年級、國中生、高中生的理財書，卻付之闕如，這中間的年齡門檻差距太大，我實在百思不解。

從另一個角度來看，我看到商業市場的缺口，台灣需要有人來補足這個中間斷層的知識量，當然馬上回家開心的跟王者分享，因為這跟他的初衷是十分吻合，所以我鼓勵他寫書，我跟他說把你多年的股市投資經驗跟大家分享，不管成功、失敗還有心路歷程，都可以寫下來幫助別人。

經過深思後，他也答應了，時間點是距離大學學測半年，而對於大考的部分盡力就好，因為唸書有時要靠天分、環境、苦讀、運氣等條件，基本上我們夫妻很隨緣，既然他決定了，就陪著他一起追夢、造夢吧！

話說如此，但他寫的出來嗎？我也不知道，因為他從小就痛恨寫作文，還會很仔細的算字數，要算的剛

剛好，不要寫太多，國小低年級甚至還曾有過
老爸唸一句，他照寫一句的記錄，寫書這檔事，
應該是他的罩門吧！哈哈哈！

第 9 章

錢非常重要，
但絕對
不是最重要的

　　有一個俗諺是這麼說的：「窮到只剩下錢！」
相信這句話對大家來說都是耳熟能詳。

　　還記得小時候的我，總是據理力爭得跟大人吵
說：「窮的定義就是沒有錢，如果有錢就不構成
窮的定義！」

　　當時的我總是認為「窮到只有錢」，這句話根
本就是鬼扯，直到經過了多年來雜七雜八的各種
社會化，我才大略了解這句話的真諦。我想，這
句話想表達的是，很多人事物是擁有再多金錢都
買不來的。

 ## 10 個金錢買不了的項目

1. 禮貌

　　「Manners maketh man.」中文的意思是「禮
儀，成就，不凡的人。」相信許多看過「金牌
特務」的人一定都忘不了這句經典台詞，而這

句話也完美詮釋了禮儀的重要性，禮儀不但是社交的基礎，更可以呈現一個人的品德與修養。不過，許多有錢人仗著自己的財力就相當跋扈，這種態度實在不可取，如果可以的話，試著當個有實力又謙虛的人吧！

2. 品行

爭取工作機會重要，還是救人重要？

我以前聽過一個小故事，那個故事在講述一位充滿理想的年輕人，在經過長久的努力打拚後，終於有機會進入自己最嚮往的公司。

誰知道命運總愛捉弄人，在他前往面試的路上，剛好看到一位老翁倒在路上，看起來奄奄一息；但是，他如果不立刻前往面試，這多年來的努力就會通通化為烏有。

就在他猶豫之際，他想起了多年前媽媽給他的忠告：「要當個善良的人」，於是他忍痛地放

棄了面試，選擇了撥打 119 並陪著老翁等救護
車。

就在他正準備打電話之時，老翁突然說了一句：
「恭喜你通過了第一關。」

原來，這位老翁是公司設下的第一道面試關卡，
這道關卡的重點就在於測試面試者的良心，看
看在這種急迫的狀況下，面試者會做出什麼樣
的抉擇。

畢竟，沒有公司會想錄取沒有品行的人，而且
對這個世界來說，品行比成績什麼的都來得重
要，如果有人連最基本的品行都沒有，那也不
會有人想要去接近。

3. 名譽

名譽，崩壞了怎麼辦？

我哪知道，畢竟名譽這種東西是一去不復返的，
只要犯錯過一次，別人永遠會記得，但如果要

盡力修復其實也不是沒辦法，不過做過的事將永遠背負在身上。

不如趁著有能力的時候做點慈善、捐點錢，這樣不但可以打造好的名聲更可以幫助別人，這樣雙贏的事情何嘗不去試試？

4. 誠信

如果問世界上隨便一個大商人：「請問什麼是最重要的？」我想會有很大一部分都會回答你：「誠信」。在猶太商人的世界中，誠信比世界上任何事情都還要重要，儘管他們在談判桌上殺氣比任何人都還重，但是只要白紙黑字簽下去，那份契約就成為了他們必須用生命守護的條款，這也是我對猶太人最崇拜的地方。同時，我也很期待未來的自己能夠成為別人願意完全信任的合作對象。

5. 耐心

安全的投資方式基本上都是採用長時間的不斷買入優質資產來進行，但許多散戶往往會在獲利一點點的時候就忍不住出場。

但是，真正厲害的投資人根本不會去在意那一些些的漲跌，因為對他們來說，如果這麼快就獲利出場，會錯失與優質企業共同成長的機會，更會少賺好多好多的錢。

所以，「耐心」絕對是投資人一定要擁有的一項特質。

6. 判斷力

看到「判斷力」三個字，可能有許多人會聯想到找到股價絕對高低點的能力。

然而，在現實生活中從來就沒有人可以精確得找到完美高低點，所以這邊提的判斷力指的是「找到好公司的能力」，不過找到一間好公司

來投資其實也是一件非常困難的事。

如果意識到自己不擅長尋找有未來的公司而轉為投資較為安全的標普 500 或 0050，其實也是判斷力的一種展現。

7. 朋友

「在家靠父母，出外靠朋友！」這是一句大家從小聽到大的俗諺，這句話雖然不像其他艱澀難懂的俗諺一樣深奧，卻是非常中肯，中肯到從來沒有人去反對這句話。

朋友雖然沒有血緣關係，有時卻可以培養出超越血緣的深厚情誼。

儘管有時我們會在成長的路上弄丟一些珍貴的友情，但友情絕對還是人生中數一數二重要的情感關係。

如果在我們心情不好、感到委屈的時候，有一群好朋友陪著一起難過、一起瘋，這何嘗不是

上天給我們最美好的禮物？

8. 家人

對於許多人來說，家是最好的避風港。家裡不但有溫暖，更有永遠支持你、信任你的家人。

在家裡，人們不必小心翼翼地說話，也不用時時刻刻看著別人的臉色。在家裡，我們都可以呈現最真實的一面，不論是開心、難過。

家人，總是會陪著你度過那些人生中的重要時刻，更會在你生病時無條件地照顧你。家人，除了希望你早點好起來，也不求其他回報。家人，更會無時無刻擔心你有沒有吃飽，有沒有穿得夠暖和。

擁有讓我們感到幸福的家人，無疑是我們這輩子最幸運的事。

9. 健康

健康，無疑是人生中最需要守護的事物之一。

假如有人花了一輩子的辛苦換來了好幾個億，但卻因此搞壞了身體，那就會陷入有福卻不能享的尷尬地步，而且這種事屢見不鮮。

在我們這個世代，常常會開玩笑說自己有個「新鮮的肝」，甚至會覺得年輕人就是要「賣肝」努力工作、不斷升遷才會擁有好的前途；可是，不但事實並非如此，過度勞累更可能造成永遠都無法挽回的傷害。

10. 時間

人們常說：「時間就是金錢。」很可惜，金錢卻無法換來時間。

不管是追求金錢，還是心裡的富足都是需要時間的，所以我們應該趁著能夠珍惜的時候，好好陪著身邊的人；也該趁著該努力的年紀，好

好打拚。

其實我們最應該做的，是認清在人生中有什麼
是值得我們花時間的，要是把人生的全部都花
在抱怨過去與陷在低潮當中，豈不是很可惜
嗎？

投資人該具備的 3 項特質

投資人該具備的個性與思維，是再多金錢都換
不來的，撇除上述 10 項，若想靠投資賺大錢，也
有不少東西是該擁有的，而這些特質只能用大量
的閱讀和經驗慢慢累積。

不過，要是你發現自己具有以下特質，你或許
會很適合好好研究投資這檔事。

1. 誠實

這裡說的誠實，跟之前第 4 點的誠信不太一樣。

這裡的誠實指的是：誠實面對自己的投資報酬率；換個說法，當我們面對投資報酬率時，應該要正視其合理性，不應該總是想著一夜致富，要不然很可能會做出許多不明智的投資選擇，導致不但賺不到錢，還賠上了積蓄。

2. 沈穩

面對短期股市動盪或是金融海嘯時，許多投資小白會被嚇得遠離投資市場，放棄未來的賺錢機會。

的確，若是市場上突然發生什麼大事，股市的動盪確實會讓人輾轉反側。所以，我們要清楚自己到底做了什麼投資，畢竟再好的股票也不可能每一天都持續上漲。

假如股市面臨了什麼危機，我們應該保持冷靜與沈穩，並且仔細思考：若投資的公司沒有失去未來成長的可能，我們就不必擔心短期的下

跌，而是應該專注於長期的成長。

若是股價跌了不少，我們甚至應該要考慮逢低加碼的操作，這樣才可以增加賺錢的機會。

3. 懂得未雨綢繆

許多人知道了投資的重要性後，就很興奮地去銀行開了帳戶，並且投資了一些股票。

很開心大家做到了投資的第一步，但這時希望大家可以仔細思考一下，要是今天市場發生了金融風暴，自己手上的股票會發生什麼事？要是手上沒有負相關資產（參見第 6 章）的話，恐怕會很難度過難關。

投資像是人生，雖然大家都不願意，但是總要為最壞的結果做出準備，所以保險才會誕生。

而負相關資產，就是投資中的保險，一個好的負相關資產雖然不會在牛市來臨時帶給我們太亮眼的成績，但是等到熊市來臨的那一天，一

定可以成為讓我們安然度過黑暗期的救生圈。

　　其實，這世界上還有非常多用錢買不到的人事物，這裡僅少少地列出幾項，我期許自己，也期待各位能夠一起珍惜身邊的每一件大小事，活在當下，為自己開創一個美好的未來，並且過得開心且幸福！

王者媽媽的獨門理財教養術

永遠謹記：
「人外有人、天外有天」

寫書，對一個 18 歲的孩子，感覺有點難度，甚至是我也不一定做得來。

大學學測結束後，兒子逐夢踏實，每日埋首書房，文章就這樣一篇一篇寫出來了，我都跟王者說，小時候是我們來教你，現在你出這本書是來協助你父母的財商，真是風水輪流轉啊，這麼快就轉到了。

永遠記得那晚他傳初稿給我看時，我們夫妻看完很激動、也很感恩，因為作品內容比我想像中還要好，那晚睡覺時嘴角帶著微笑，甜甜得睡去，感覺對國家社會有交代了。

我跟兒子說，出版這本書，並不代表你的未來一定會成功，人外有人、天外有天，這只是與大家分享你

這些年的投資歷程，未來開學後唸大學，還是出社會工作所接觸到的人、事、物，切記要凡事謙虛，而這本書所代表的意義，只是你人生的小小里程碑。

第 **10** 章

理財的終點：
財務自由、教育、
行善

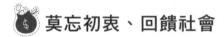 莫忘初衷、回饋社會

我們為什麼要理財？相信大家都有自己的答案，也許是環遊世界、也許是買一間大豪宅，但答案的核心大概都離不開財務自由。

但問題是，如果有一天真的達到了財務自由的目標，我們就要因此停下腳步嗎？

我想答案很明顯，有腦袋的人應該都知道，人生應該要繼續努力吧！而且，如果真的因為達到目標而停止了投資，那可真是愚蠢極了。

畢竟如同我在第 1 章所提到的，如果把資產放著不動，鈔票的價值可是會因為每年的通貨膨脹而縮水的，所以投資理財是不能停的。

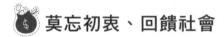 暴風雪中的火苗：「愛心待用餐」

由於家父家母是電台主持人，工作內容之一就是篩選新聞後，再藉著廣播媒介告訴大眾生活大

小事。

　故事的起點發生在 2013 年的 4 月 23 日，這一天，他們偶然在報紙上看到來自義大利的「愛心待用咖啡」。

　咖啡在義大利幾乎是生活中不可或缺的一環，所以有很多有愛心的人會在咖啡店放一筆錢，而沒錢卻想喝咖啡的人就可以去有提供「愛心待用咖啡」的咖啡店享用免費的咖啡。

　在看到這篇報導後，他們趁著播歌的時間很快地討論了一下，就決定正式成立了「愛心待用餐」。於是，在歌曲結束之後，在廣播中宣布了這件事，而第一間「愛心待用餐」就是由他們的聽友「台原味」小吃店負責辦理。

　話說在我剛上幼稚園的時候，父母曾面臨失業問題，非常可以體會零收入生活的困難，因此很希望讓更多人可以在生命低潮時，能夠獲得免費溫飽的機會。

在我的印象中，「愛心待用餐」在初期的成長非常快速，還記得當時只有國小三年級的我曾計算過，大概在「台原味」開始了「愛心待用餐」的服務後，「愛心待用餐」的據點就以每個星期多一間的速度擴散到北部各地（雙親任職電台是中功率，訊號只能發射到北北基地區，故「愛心待用餐」的範圍無法往中南部發展）。

等到「愛心待用餐」稍微進入到穩定階段的時候，出現許多令人無奈的困難。

例如：有人開著賓士車去領餐，這很明顯就是非常富裕的人家，卻因為有些「愛心待用餐」的老闆不好意思拒絕，造成了社會資源分配出狀況，最後也跟許多不會「保護」資源的店家結束了合作關係。

也遇過想要一次拿很多份量的人，其實如果真的有需要也不是不行，只是希望可以請他證明，也許是拿證件，或著是帶著孩子們來一次也好，

至少讓我們確定社會資源沒有被浪費。

　　不過，當然也有非常多有愛心的聽友打電話到電台要捐款，但礙於法規關係和捐款透明度，聽友們沒有辦法透過電台捐款，一定要親自到「愛心待用餐」的據點捐款才行。儘管如此，還是有許多的愛心人士願意為社會盡一份心力，著實讓我們非常感動。

　　「愛心待用餐」到 2021 年已經 8 週年了，受到幫助的人次更是來到了 9 萬多人次，而且光是第 7 年的募款就超過 500 萬。

　　我想，看著需要幫助的人在人生的大低潮中得到一頓溫飽，使其不要有搶劫、偷盜的念頭，並且有勇氣重新站起來面對社會，對我們來說，就是最幸福的事了吧！

　　也許，在未來的某一天，受過幫助的人也會在重新振作之後，回想起這個社會的溫暖，並且成為別人生命中的一盞明燈，讓這份善念在人世間

生生不息地流傳下去。

 ## 獲得幸福吧！

你未來的目標是什麼？

「賺很多很多的錢」我想應該很多人都會這麼說吧，畢竟錢可以拿來做好多好多的事，可以拿來買自己喜歡的東西、可以讓家人得到更好的生活品質等等。

你人生的終極目標是什麼？換個問法，當你在面對人生最後一刻的時候，你最在意的是什麼？

相信這一次的答案通常不會在跟錢扯上掛鉤，幾個月前，我在 IG 上看到一則貼文，內容是一些老人給年輕人的建議，這些老人們年紀通通上看 8、90 歲，人生經驗可說是豐富到不行，由他們來告訴我們人生中的建言可說是再適合不過，這些人說：

"Enjoy every moment"

"Be kind to every body. They all have a past."

"Always stay truthful."

　看了這麼多，就是沒幾則跟金錢扯上關係的，但即使知道了幸福那模糊的輪廓，人類往往還是會朝錯誤的方向前進，但說到底，幸福究竟是什麼，這兩個字實在太抽象了，其實這個問題沒有標準答案，而且幸福常以成千上萬種的姿態出現在我們的生命中。

　不過，我在《被討厭的勇氣》這本書中看到了一個非常有趣的觀點，根據書中的描述，幸福其實就是「貢獻感」，而中國有句俗諺：「助人為快樂之本。」正好可跟「貢獻感」做出呼應。

　所謂貢獻感就是指不求任何回報而樂於付出的那種心態，讓我們感覺到「被需要」；甚至，可以在幫助別人的過程中，學到許多永遠不會在學校學到的東西。

　　如果說要在助人的過程中認知到人生的意義，
也並非不可能，要是我這樣說明就應該可以理解，
為什麼世界上的富豪們每年願意捐那麼多的金錢
來了吧！（避稅當然也是很重要的因素）說穿了，
他們是在花錢買幸福啊！

我有一個小小的夢想

　　「I have a dream.」這句話是馬丁・路德・金
恩博士（Martin Luther King, Jr.）在 1963 年的演
講中不斷使用的詞彙，這句話用來描述他對於種
族平等的願景，最後也成功促使美國國會在 1964
年通過「1964 年民權法案」，使得全部的種族隔
離與歧視政策成為非法政策。

　　「而我，也有一個夢，我希望世界上的所有人
不再為金錢所苦，不再因為任何金錢的因素而感
到不愉快。」

雖然我也知道，這個夢想太過於理想，基本上不可能實現，所以我只能靠著寫這本書和盡自己的能力去影響身邊的人，也許在未來的某一天，我真的可以為台灣的理財教育帶來點什麼影響。

　　儘管對此時此刻的我來說，未來什麼的一切都是變數，但我想只要願意努力，一定可以讓我的願望發芽、成長，最後成為一棵遒勁挺拔的大樹！

王者媽媽的獨門理財教養術

如果都跟別人一樣，
那就不好玩了

　　我每天喜歡聽孩子說話，傾聽他心底的聲音，不管
多忙，我一定放下手上的事，雙眼凝視他，真的太忙，
我一定請他等我有空檔的時間，再好好聊一聊。

　　他曾說過：從小就覺得自己很特別，發現很多想法、
作法和同學都不一樣，小時候真的很排斥這種感覺。隨
著年紀增長，在學校時老師做家長行業別調查，他才發
現父母的職業別異於他人，才明瞭父母本身就和別人不
同，所以教出來的孩子自然也不同，才開始釋懷。

　　重點是長大後卻開始喜歡上這種感覺，愛上自己的
特立獨行、與眾不同，真的是「好裡家在」。

　　記得國一時，兒子愛上變魔術，整日手上不是撲克
牌就是魔術道具，適逢叛逆期，我叫他唸書，他說妳

叫我唸書，我就偏偏不唸，我說好，從今以後，我再也不會叫你唸書，你自己的人生，自己負責。

我真的說到做到，很有種的媽媽吧！說實話不管他，少掛心一件事情，我還比較輕鬆，當下在心中竊笑，嘻嘻嘻。

在我心中，我覺得親子關係比學校成績來得重要，我跟兒子說，我尊重你的決定（雖然他才國一），因為兒時我自己書也唸不來，所以我們夫妻都不會逼小孩讀書。

我跟王者說，如果你不愛唸書，沒關係，未來只要有一技之長，就可以了，人生不用過得那麼辛苦。

特別是有很多台灣父母和孩子失和的主因，都是為了讀書，擔心害怕孩子未來吃苦，但親子關係卻愈來愈疏遠，更有聽過國小小孩讀書壓力大到自殘，真是太令人心疼了。

而王者爸爸認為孩子的童年只有一次，所以很重要，每天一定要快快樂樂的度過，將來是很甜美的回憶，

更是面對各種生命挑戰的基礎。（PS 重點是他深深的認為國中也是童年的一部分，這個比我更離譜吧！）

「教養孩童，使他走當行的道，就是到老他也不偏離。」《聖經》箴言 22:6

養育小孩本來就是一條漫長的路，我也沒有相關經驗，在養育過程看了許多育兒書籍，到後來我還是依照自己的方式養育，因為我知道要成就一個人，本來就要用特殊的方法，如果都跟別人一樣，那就不好玩了。

在過去 18 年來的教育方式，也不知道到底對不對，反正我眼中只看孩子的優點是不太看缺點，人無完人，我又何嘗不是。所以，我們母子的感情很好。

我常常跟兒子說，如果你有一天成功了，就代表媽媽的教育方向和做法是對的。也許這樣的方式，會稍微影響其他家長的想法和做法，可以有個小樣板來慢慢翻轉台灣的教育，這才是我的私心。

現在，兒子要離家唸大學，我終於放手，世界之大，

任他遨遊，對我而言則是有階段性任務達成的感覺，我可以下課了～～

　　在此，謝謝您購買這本書，不管是投資理財或是養育孩子，衷心與您分享。

如果終極目標是財務自由，
不如一開始就學投資賺錢!!

致富思維 × 實戰方法

作　　者：王　者

特約編輯：黃信瑜

圖文整合：洪祥閔

社　　長：洪美華

責任編輯：何　喬

出　　版：幸福綠光股份有限公司

地　　址：台北市杭州南路一段 63 號 9 樓

電　　話：(02)23925338

傳　　真：(02)23925380

網　　址：www.thirdnature.com.tw

E - m a i l：reader@thirdnature.com.tw

印　　製：中原造像股份有限公司

初　　版：2021 年 9 月

郵撥帳號：50130123 幸福綠光股份有限公司

定　　價：新台幣 320 元（平裝）

本書如有缺頁、破損、倒裝，請寄回更換。

ISBN　978-986-06748-8-0

總經銷：聯合發行股份有限公司

新北市新店區寶橋路 235 巷 6 弄 6 號 2 樓

電話：(02)29178022 傳真：(02)29156275

國家圖書館出版品預行編目資料

如果終極目標是財務自由，不如一開始
就學投資賺錢 !! ／王者著 -- 初版 . -- 臺
北市 : 幸福綠光 , 2021.9
面；　公分

ISBN 978-986-06748-8-0（平裝）

1. 理財　2. 親子教養

563　　　　　　　　　　110013641

新自然主義